Reinaldo Polito

ASSIM É QUE SE FALA

COMO ORGANIZAR A FALA E TRANSMITIR IDEIAS

Selecionado para o Programa Biblioteca do Ensino Médio da Secretaria de Educação do Governo do Estado do Paraná — 2002 e pela Secretaria Municipal de Educação de São Paulo — CEU — 2003

Prefácio de Márcio Thomaz Bastos

28ª edição
2ª tiragem
2009
Conforme a nova ortografia

Editora Saraiva

ISBN 978-85-02-05104-1

Editor: Rogério Carlos Gastaldo de Oliveira
Assistente editorial: Kandy Sgarbi Saraiva
Secretária editorial: Andréia Pereira
Preparação de texto: Kandy Sgarbi Saraiva
Adriana Barbieri de Oliveira
Coordenação de revisão: Livia Maria Giorgio
Gerência de arte: Nair de Medeiros Barbosa
Supervisão de arte: Antonio Roberto Bressan
Projeto gráfico: Alexandre Silva
Capa: Alexandre Rampazzo
Imagem de capa: Taki Mikuri/Photônica
Ilustrações: Rico
Diagramação: Robson Luiz Mereu
Produção do CD: Oduvaldo Silva, da JS Organização, Produções e Serviços Ltda.

Dados Internacionais de Catalogação na Publicação (CIP)

Polito, Reinaldo
Assim é que se fala: como organizar a fala e transmitir ideias / Reinaldo Polito. — São Paulo : Saraiva, 2005.

Bibliografia.
ISBN 978-85-02-05104-1

1. Comunicação oral 2. Falar em público 3. Oratória I. Título. II. Título: Como organizar a fala e transmitir ideias.

CDD-808.51

Índices para catálogo sistemático:

1. Falar em público : Retórica 808.51
2. Palestras : Preparação : Retórica 808.51

Editora Saraiva

R. Henrique Schaumann, 270 – CEP 005413-010 – Pinheiros – São Paulo-SP
Tel.: PABX (0**11) 3613-3000 – Fax: (0**11) 3611-3308
Televendas: (0**11) 3616-3666 – Fax Vendas: (0**11) 3611-3268
Atendimento ao Professor: (0**11) 3613-3030 Grande São Paulo – 0800-0117875 Demais localidades
Endereço Internet: www.editorasaraiva.com.br – E-mail: atendprof.didatico@editorasaraiva.com.br

À minha mulher, Marlene Theodoro.
Foi graças a sua participação competente
que pude realizar este trabalho.
Suas pesquisas, principalmente traduzindo
obras em inglês e francês, permitiram
incluir neste livro o que existe de mais avançado
na comunicação em todo o mundo.

Ao Prof. Oswaldo Melantonio, em quem minha atividade profissional foi inspirada.

Ao Prof. Jairo Del Santo Jorge, pela colaboração com que sempre contei para a aplicação de meus estudos e pesquisas em sala de aula.

Ao Rogério Gastaldo, Gerente Editorial de Literatura Juvenil, Paradidáticos e Interesse Geral da Editora Saraiva, um dos grandes responsáveis pelo sucesso dos meus livros, graças ao critério profissional e eficiente com que tem planejado cada uma das edições.

À Fatima Pereira Gomes Berganton, pelo profissionalismo competente com que se envolveu há tantos anos na elaboração da primeira edição da obra que deu origem a este livro.

À Prof. Edna Maria Barian Perrotti, pela forma eficiente e muito competente com que se envolveu neste trabalho.

PREFÁCIO

Conhecia Reinaldo Polito e seus cursos de expressão verbal por ouvir dizer e por ter folheado alguns de seus livros. Agora, quando ele me fez a honra de convidar-me para paraninfar uma de suas turmas, pude conviver com ele, seus professores, seus métodos, seus livros e seus alunos.

Fiquei encantado. A experiência daquela manhã de domingo, quando quase trezentos alunos receberam os seus diplomas e fizeram os seus corretos (e alguns brilhantes) discursos, convenceu-me da excelência do curso e dos métodos. Alunos das mais diversas formações e origens, muitos tendo claramente de dominar a timidez dolorosa ou a deficiência verbal forte, estavam ali presentes, todos, sem exceção de um só, providos do equipamento indispensável para iniciar uma carreira de comunicador. Orgulhosos de terem vencido o medo, felizes por terem alargado os seus limites, conscientes de terem enfrentado e vencido um desafio que, para muitos, deve ter sido dificílimo (como foi para mim, há quarenta anos).

Assim, é com alegria que prefacio este livro, indispensável a quem deseja dominar os meios e as técnicas da expressão verbal. Aprovo vivamente os métodos e o estilo do Prof. Polito. Creio que, através de seus cursos, ou de seus livros, a pessoa consegue dominar aquilo que é indispensável para o orador: a postura, a vitória sobre o medo, a preparação, os gestos, a voz, a relação interativa com o auditório.

De posse desses requisitos, necessários a quem vai falar em público, está o estudioso qualificado a aperfeiçoar-se cada vez mais, levando sempre em conta a relação dialética indispensável entre a oratória e a ética. Não se pode ser um grande orador sem ter em mente que a oratória só tem sentido se posta a serviço da verdade.

Ou como dizia Montaigne: "Eu digo a verdade. Não tanto quanto sei, tanto porém quanto ouso. E vou ousando mais, à medida que amadureço".

Márcio Thomaz Bastos
Ministro da Justiça

POUCO MAIS DE DUAS PALAVRAS PARA ESTA NOVA EDIÇÃO

É com muita satisfação que apresento a nova versão do livro *Assim é que se fala*. Hoje, esta obra tem uma trajetória de sucesso e de importantes realizações. Assim que o livro foi lançado, entrou para as listas dos mais vendidos do país e permaneceu nelas durante um ano, sendo que em algumas ficou posicionado em primeiro lugar. Foi avaliado e aprovado por importantes e rigorosos programas governamentais e adotado nos currículos das mais conceituadas universidades brasileiras. Com todas essas conquistas, talvez ele pudesse continuar exatamente da forma como foi lançado. Entretanto, durante esses últimos anos tenho pesquisado e testado exaustivamente cada um de seus capítulos na preparação de milhares de alunos que frequentam nosso Curso de Expressão Verbal. Assim, foi possível ampliar e aperfeiçoar muitos de seus conceitos, tornando-os mais apropriados para o aprendizado e o desenvolvimento da comunicação. Julgo oportuno também relembrar neste momento a história curiosa que contei na época do lançamento da primeira edição, pois ela esclarece como o livro chegou ao mercado.

Certa tarde, quando tinha terminado de ministrar uma de minhas aulas, recebi um telefonema curioso, de um senhor que até então eu não conhecia e que se identificava como Fujimi Yamashita, diretor da IOB, empresa especializada em informações nas áreas fiscal e tributária.

Já no início da nossa conversa, ainda pelo telefone, ele me perguntou se eu tinha interesse em publicar, pela empresa dele, uma obra que ensinasse a falar em público. Deveria ser um trabalho diferente dos livros que eu já havia publicado e que não tivesse semelhança com outros do mesmo gênero existentes no mercado.

Antes que pudesse dar qualquer resposta, ele me perguntou se eu estava disponível naquele momento para uma entrevista. Não me lembro bem se cheguei a dizer que não estava ocupado, mas me recordo de que em pouco mais de quinze minutos o Dr. Yamashita, um dos homens mais determinados que conheci, estava estacionando seu automóvel em frente a minha escola para me convencer de que, se assinasse contrato com a organização dele, estaria fazendo o melhor negócio da minha vida.

Em menos de dois anos, a obra, em cinco módulos, estava pronta para ser comercializada.

Teve boa penetração junto ao público, a ponto de levar a Editora Saraiva, uma das mais importantes editoras da América do Sul, que já publicava com sucesso meus outros livros, a fazer uma proposta para editar separadamente cada um dos módulos. Surgiram, dessa forma, cinco novos livros.

Parece, entretanto, que os livros, concebidos a partir daquela conversa com o Dr. Yamashita, nasceram para mudar e receber aperfeiçoamentos, pois Rogério Gastaldo, editor na área de Interesse Geral e Paradidáticos da Editora Saraiva, profissional de grande visão e profundo conhecedor das necessidades do público leitor, propôs uma verdadeira revolução no conteúdo e na apresentação das obras.

Assim é que se fala foi o primeiro resultado desse projeto. Nascido de *Como preparar boas palestras e apresentações*, foi totalmente revisto e ampliado e recebeu um CD, em que gravei seu conteúdo da mesma maneira como transmito a matéria aos meus alunos em sala de aula.

Embora eu acreditasse na qualidade da obra, jamais imaginei que o livro obtivesse os resultados que conquistou e estou muito otimista que, com esta reformulação, *Assim é que se fala* continue ajudando muitas pessoas a fazer apresentações eficientes e de muito sucesso.

SUMÁRIO

1ª parte

COMO PREPARAR UMA BOA APRESENTAÇÃO

ROTEIRO PARA PLANEJAR BEM UMA APRESENTAÇÃO

Algumas apresentações são tão mal estruturadas que se tornam praticamente incompreensíveis. Quando você imagina que o palestrante se encaminha para o encerramento, ele volta à linha de argumentação e repete com detalhes o que já havia sido preparado e esclarecido. Em outros momentos, quando os argumentos estão alinhados para uma conclusão lógica, ele encerra inesperadamente. Os ouvintes ficam confusos, não conseguem acompanhar o raciocínio, desconcentram-se e perdem o interesse.

Poucas pessoas sabem organizar o raciocínio de forma ordenada quando precisam se apresentar em público.

O fato mais interessante, entretanto, é que, de todas as habilidades necessárias para desenvolver bem a comunicação verbal, organizar a fala para expor com acerto o conteúdo da mensagem é uma das que mais facilmente podem ser aprendidas.

A partir deste estudo você descobrirá como pode ser simples dominar as técnicas que o auxiliarão, de maneira segura, a fazer apresentações eficientes. O sucesso da sua apresentação com certeza só ocorrerá se você souber organizar, etapa por etapa, toda a sequência do raciocínio.

Para preparar uma boa apresentação, é preciso ter em mente que ela deve ir ao encontro do interesse dos ouvintes, desenvolver o assunto de forma clara, lógica e concatenada, além de atingir os objetivos propostos.

Este roteiro permitirá a você orientar-se passo a passo na procura das informações apropriadas para as circunstâncias de cada apresentação, de acordo com o tema, os seus objetivos e o público que irá ouvi-lo:

1. escolha o assunto;
2. determine os objetivos;
3. conheça os ouvintes;
4. verifique o local e as circunstâncias da apresentação;
5. faça a pesquisa e a escolha das informações.

1

ESCOLHA O ASSUNTO

Geralmente recebemos convite ou somos escalados para falar sobre assuntos que se relacionam com a nossa profissão, nosso interesse pessoal ou acontecimentos da nossa vida em sociedade. Assim, por exemplo, um advogado poderá não apenas discorrer sobre áreas do Direito, que é a sua atividade profissional, mas também expor seus conhecimentos sobre filatelia, um tema que domina por interesse próprio, ou ainda ser obrigado a se pronunciar na assembleia de condôminos sobre a importância da instalação de um novo sistema de segurança no edifício onde mora, por causa da sua vida em sociedade.

Entretanto, o fato de o assunto já estar, na maioria das vezes, determinado, não significa que ele não possa ou não deva ser escolhido por você. Dentro de nossa atividade profissional ou de outra a que nos dedicamos por interesse próprio, é possível encontrar inúmeras informações que constituem temas bastante distintos.

Um filatelista, por exemplo, poderia falar da importância da coleção de selos como um investimento financeiro, como um recurso terapêutico para relaxar as tensões do dia a dia, como um meio para se relacionar com pessoas de outros países que se interessam pelo mesmo assunto, e de tantos outros aspectos que permitem diferentes abordagens. Ao escolher a matéria sobre a qual dissertará, poderia optar pela filatelia de forma geral e discorrer sobre todos os pontos que a envolvem, ou, então, eleger um deles de modo específico e transformá-lo no tema da sua palestra. Se expusesse para um grupo de executivos financeiros, é provável que decidisse tratar da coleção de selos como um investimento; por outro lado, se fosse se apresentar falando para um público de jovens universitários, talvez preferisse enfocá-la como um meio de se relacionar com pessoas de outros países que se interessam por essa mesma atividade.

Assim, escolha corretamente o assunto que irá desenvolver na sua apresentação com base nas seguintes orientações:

— fale sobre um tema atual;
— trate de um assunto sobre o qual tenha autoridade;
— escolha um assunto de que você goste;
— coloque uma nova roupagem nos velhos assuntos;
— opte por um assunto pertinente à circunstância;
— decida-se por um assunto com tempo suficiente para ser pesquisado e apresentado;
— fale sobre um ângulo do assunto de que o auditório ainda não tenha ouvido falar.

FALE SOBRE UM TEMA ATUAL

O assunto deverá estar o mais próximo possível dos acontecimentos da atualidade, para que encontre ressonância no interesse do público.

Se, por exemplo, um especialista em comunicação verbal for procurado por jornalistas para falar da atividade que exerce, a primeira questão provavelmente colocada será: que "gancho" poderia ser aproveitado para despertar o interesse dos leitores, isto é, que tipo de assunto da atualidade ele usaria na ligação com a arte de falar? Se for um ano de eleições políticas, a temática deverá girar em torno da qualidade ou das características de comunicação dos políticos; para uma época de muitos comentários sobre religiões, o tema talvez seja a expressão verbal dos pregadores ou as técnicas da oratória religiosa; num momento em que se critica a televisão pelo uso da linguagem descuidada, a matéria poderia ser a influência dos meios de comunicação na forma de se expressar de um povo.

Quanto mais próximo no tempo e no espaço estiver o assunto, mais provocará o interesse do ouvinte. Por exemplo, a notícia da queda de um avião ocorrida hoje em nossa cidade terá muito mais impacto do que se o fato tivesse acontecido há vinte anos ou num local afastado como o Afeganistão (a não ser, evidentemente, que no meio do público se encontrassem, por coincidência, alguns afegãos).

Entretanto, você deve se precaver e sentir quando um assunto da atualidade já está saturado e pode, por isso mesmo, provocar indiferença e até resistência nas pessoas. Normalmente, assuntos que, em determinada época, produzem forte interesse na população — como a morte de um ídolo, a conquista de um prêmio importante, a visita de uma personalidade renomada ou qualquer outra informação que seja exaustivamente comentada, principalmente com ampla cobertura pela imprensa —, passado o momento da ocorrência do fato, já não provocam a mesma sensação. Com o tempo as pessoas começam a evitar relatos sobre a notícia e podem desvalorizar quem insistir em falar a respeito dela. A apresentação poderia ser arruinada se você a relacionasse com um tema com essas características.

TRATE DE UM ASSUNTO SOBRE O QUAL TENHA AUTORIDADE

As pessoas reúnem-se para ouvir um orador porque esperam que ele tenha algo a dizer, mas algo substancioso, que esteja embasado no seu trabalho, na sua experiência ou nos estudos que realizou.

Falar sobre um assunto que você não conhece ou sobre o qual não tem reconhecida autoridade poderá parecer um ato de presunção e dificilmente conquistará crédito. Por melhor e mais bem preparada que esteja a apresentação, nessas circunstâncias dificilmente será bem recebida pelos ouvintes. Pode ocorrer também de você se projetar em determinado campo de atividade e, por esse motivo, ser convidado a falar a respeito de um tema sobre o qual tenha apenas conhecimento superficial. Esse é um caminho perigoso e que quase sempre precisa ser evitado, pois sua fama talvez não seja suficiente para compensar a falta de conhecimento sobre o novo tema. Certa vez assisti a uma palestra sobre as atividades dos supermercados no país, ministrada por uma famosa comentarista da televisão. Embora sua chegada tenha sido longamente ovacionada, pelo fato de ser muito conhecida por todos, em pouco tempo ficou evidente sua falta de familiaridade com o assunto. Apresentou estatísticas que já estavam ultrapassadas e fez prognósticos que a plateia, especializada naquele tema, sabia que jamais se concretizariam. Foi um vexame. Muitos deixaram o local antes do término da palestra e, no final, os aplausos foram apenas educados. Se o palestrante fosse uma autoridade naquela matéria, os ouvintes poderiam até discordar dos números e prognósticos apresentados, mas não seria criticado por ser leigo no assunto.

É muito conhecido o episódio ocorrido com Apeles, o mais importante pintor da Grécia (século IV a.C.). Ele costumava expor os seus quadros e se esconder de forma estratégica para escutar as opiniões das pessoas. Certa vez, ficou muito interessado quando ouviu de um sapateiro algumas críticas sobre as sandálias de uma das figuras que apareciam em um dos seus quadros. Um dia depois, o mesmo sapateiro foi à exposição e apontou defeitos em outros detalhes da tela que nada tinham a ver com a profissão dele. Apeles, irritado, saiu de seu esconderijo e o repreendeu, dizendo: "Sapateiro, não passes do calçado".

ESCOLHA UM ASSUNTO DE QUE VOCÊ GOSTE

Você certamente não falaria sobre um assunto da sua preferência se ele não interessasse aos ouvintes, mas, entre os vários temas que atrairiam o público, eleja aquele cuja apresentação lhe proporcione maior prazer. Pode até ser que, com algumas pequenas adaptações, você possa sintonizar a matéria de que gosta com o interesse do público; assim, um conteúdo que, de início, não provoca entusiasmo na audiência, depois desse ajuste vai se transformar em mensagem palpitante.

Às vezes, o cuidado de observar melhor o ambiente onde fará a apresentação poderá orientá-lo sobre o fato de que, se determinados aspectos do assunto da sua preferência forem enfatizados, a aproximação com o interesse e a expectativa das pessoas que irão ouvi-lo será ainda maior.

Quando discorremos sobre assuntos com os quais nos identificamos, nosso envolvimento e nossa vibração ficam mais evidentes, o que aumenta muito a credibilidade das informações. Outra vantagem é a segurança que sentimos e demonstramos ao desenvolvê-los. Com frequência preparo pessoas que se destacaram nas mais diversas atividades para se transformarem em palestrantes. Geralmente são esportistas ou escritores que querem se apresentar diante de executivos de grandes empresas. Lógico que a maioria não é do ramo nem conhece bem o mundo corporativo, mas possui mensagens que interessam às organizações, como dedicação, mudança, adaptação, superação de desafios etc. Se restringissem as informações apenas às atividades nas quais são especialistas, embora pudessem gostar muito do assunto, não conquistariam o interesse desses executivos. Se partissem para a aventura de falar apenas do mundo corporativo, além de não tratarem de um tema pelo qual são apaixonados, como vimos há pouco, faltaria a eles autoridade sobre a matéria. A solução, que dá excelentes resultados, é falar de temas corporativos e ilustrar as sugestões com histórias das próprias atividades. Conseguem, assim, falar de um tema que interessa à plateia e tornam a palestra estimulante, por abordarem assuntos pelos quais sempre se interessam muito.

COLOQUE UMA NOVA ROUPAGEM NOS VELHOS ASSUNTOS

Alguns assuntos, por mais interessantes que sejam, com o passar do tempo podem deixar de atrair as pessoas. Se o seu tema já estiver apresentando essas características, ponha a imaginação e a criatividade para funcionar e apresente-o com adaptações que revitalizem o interesse do público. Por exemplo, se a sua mensagem for abordada com ilustrações de histórias de carruagens e beduínos no deserto, talvez possa recontá-la substituindo essas imagens por naves espaciais e astronautas. Não significa que histórias que tenham o deserto como cenário não sejam estimulantes, ao contrário, podem ser muito atraentes. Entretanto, se já estiverem desgastadas pelo uso, seria mais conveniente trocá-las por outras diferentes, mais atuais e que possam despertar maior interesse.

Reflita também se você não está arraigado, por segurança ou comodismo, a determinada maneira de expor suas ideias. O conforto de percorrer um caminho que já conhecemos bem às vezes nos escraviza, levando-nos a repetir as mesmas informações. Se chegar à conclusão de que esses são os motivos que o forçam a desenvolver o assunto sempre dentro da mesma linha de conduta, seja mais ousado e mude. No início, por causa do novo comportamento, poderá se sentir um pouco inseguro, como se faltasse algum tipo de apoio, mas, com o tempo, ficará mais familiarizado com a forma diferente de apresentar sua mensagem e voltará a se sentir confiante. Às vezes, só o fato de mudar a história que usa como ilustração, ou um visual de apoio, pode ser suficiente para dar ao assunto um aspecto novo, atualizado e muito mais interessante.

OPTE POR UM ASSUNTO PERTINENTE À CIRCUNSTÂNCIA

Se o público e o momento em que você se apresenta possuem uma expectativa e uma atmosfera que exigem a exposição de determinados assuntos, sua escolha precisa recair sobre temas pertinentes a essa circunstância, adequando o conteúdo ou fazendo adaptações que possa promover. Num congresso de ecologistas, um banqueiro, por exemplo, poderia falar de finanças, desde que as relacionasse com investimentos nos projetos de preservação da natureza ou às vantagens do progresso industrial com o aproveitamento de alguns recursos naturais.

Uma boa estratégia para tornar o assunto pertinente à circunstância dos ouvintes é a utilização de exemplos ou ilustrações como se eles tivessem sido idealizados para a realidade da plateia, e não de uma empresa, de uma entidade ou de uma instituição hipotética.

Assim, se estiver, por exemplo, fazendo uma apresentação para os gerentes da fábrica de móveis *Doce Lar*, seria mais conveniente dizer "Vamos imaginar que um vendedor da fábrica de móveis *Doce Lar* resolva tentar conquistar um cliente tradicional e fiel de uma empresa concorrente", do que exemplificar dizendo "Vamos imaginar que um vendedor de uma organização qualquer resolva tentar conquistar um cliente tradicional e fiel de uma empresa concorrente". É lógico que, no primeiro caso, por tocar a realidade dos ouvintes, eles sentirão muito mais o impacto da mensagem. Da mesma maneira, se tiver de contar uma história que envolva algumas personagens, procure descrevê-las como se fossem pessoas da plateia. Poderia dizer, por exemplo: "Vamos imaginar que o Carlos Alberto fosse se encontrar com o João Rodrigues para discutir as bases do novo contrato". Observe que, ao citar o nome das pessoas que estão à sua frente, conquistará maior interesse não apenas dos dois que foram mencionados, mas também dos outros que compõem aquele grupo. Quanto mais as pessoas sentirem que o assunto é próprio para a realidade delas, maior será o envolvimento que terão com a mensagem.

Se, todavia, você não souber o nome da pessoa que está na plateia, não hesite em perguntar como ela se chama, antes de transformá-la em personagem da história. Este também é um ótimo recurso para interagir com o público.

DECIDA-SE POR UM ASSUNTO COM TEMPO SUFICIENTE PARA SER PESQUISADO E APRESENTADO

No momento de se decidir pelo tema sobre o qual discorrerá, certifique-se de que possui condições de prazo e fontes de pesquisa suficientes para preparar um material que atenda aos seus objetivos e que não comprometa sua imagem. Se as informações de que necessita consumirem muito tempo (mais do que dispõe) para que você as encontre, por estarem espalhadas ou em locais distantes, ou ainda porque dependem de alguma morosidade burocrática, talvez seja melhor substituir o assunto por outro e deixá-lo para uma oportunidade mais conveniente. A mesma decisão deverá ser tomada se o período de que você dispõe para expor for insuficiente para apresentar o tema com a profundidade e a abrangência que julga necessárias para atingir seus propósitos. Chamo a atenção para essa precaução porque alguns convites parecem ser irresistíveis pelas oportunidades que poderão nos proporcionar. Entretanto, assumir tarefas sem condições de cumpri-las, em vez de projetar sua imagem, poderá trazer consequências muito negativas. Assim, aceite todos os compromissos para falar que julgar vantajosos, mas desde que tenha certeza de poder levar a cabo de maneira eficiente a incumbência que assumir.

FALE SOBRE UM ÂNGULO DO ASSUNTO DE QUE O AUDITÓRIO AINDA NÃO TENHA OUVIDO FALAR

Nos programas em que vários expositores se apresentam para falar sobre um único tema ou sobre assuntos que se relacionam ou sejam complementares, existe o risco de várias pessoas tratarem exatamente do mesmo conteúdo. Procure inteirar-se das diversas partes que compõem o evento e quais os tópicos que serão desenvolvidos pelos outros apresentadores.

Dependendo da circunstância, se tiver de falar depois que outros oradores se apresentarem, sendo impossível assistir às demais exposições, seria conveniente pedir a alguém da sua confiança que observe quais as matérias tratadas e como os assuntos foram desenvolvidos, para que você seja informado da necessidade ou não de promover mudanças ou adaptações no seu tema. Se houver coincidências com a sua mensagem, mude-a ou mostre-a por um ângulo diferente, eliminando o risco da repetição, que, provavelmente, afastaria o interesse dos ouvintes. Uma boa saída quando não for possível mudar as informações transmitidas pelos oradores que o antecederam, por se tratar, por exemplo, de matéria técnica, é fazer comentários analisando o que já foi exposto. De maneira geral, os comentários, por nascerem da própria apresentação, são vistos como novidade e próprios para a realidade dos ouvintes, e, por isso, interessantes.

Em tempo: não aceite qualquer título para sua fala. Se quiserem impor algum que não corresponda ao conteúdo que irá transmitir, exija que seja modificado. Às vezes, os promotores de um evento, objetivando atrair um público mais numeroso, adotam títulos chamativos para as palestras que não condizem com a verdade. Esse procedimento poderá frustrar a plateia, que comparece porque se interessa pelo assunto conforme é anunciado, mas, quando recebe uma mensagem totalmente distinta, sente-se enganada e talvez demonstre hostilidade para com o orador.

2

DETERMINE OS OBJETIVOS

O que você de fato deseja obter com sua apresentação? Quais as verdadeiras causas que o motivaram a falar?

Não é incomum alguns oradores se apresentarem sem a clara noção de seus objetivos. Se você não souber aonde deseja ir, dificilmente saberá, também, os rumos que deverá tomar.

Alguns instantes de reflexão o ajudarão a descobrir os seus objetivos, que devem ser específicos e concretizáveis, tendo em vista o quadro de possibilidades que encontrará numa determinada circunstância. Pode ser, por exemplo, que, depois de pensar melhor, perceba, além do seu interesse inicial em apenas informar o público, a existência de um outro mais forte e não muito evidente para você: o de convencer os ouvintes a respeito da importância de uma nova ideia. Como você sabe, sua atitude como orador quando só deseja passar às pessoas informações sobre um assunto deve ser bem diferente daquela que precisa ter quando pretende convencê-las.

Alguns objetivos de uma apresentação:

— informar;

— persuadir e motivar;

— entreter;

— promover-se.

Esses objetivos podem aparecer separadamente, ao mesmo tempo, ou, ainda, de forma alternada numa mesma apresentação.

INFORMAR

Se o objetivo for informar, orientar, instruir ou treinar, a sua preocupação como orador deverá limitar-se à clareza didática da mensagem, transmitindo as informações da forma mais objetiva, simples e compreensível que puder.

Sendo essa a finalidade, é importante que a fala seja planejada dentro de uma sequência muito bem elaborada, para que os ouvintes assimilem naturalmente o conteúdo da exposição.

Se você perceber que determinado ponto da apresentação exigirá maior esforço de raciocínio para ser compreendido, deverá incluir uma ilustração que facilite o entendimento do assunto, ou, ainda, repetir as mesmas informações com outras palavras, utilizando novas abordagens. Nessas circunstâncias, se você conhecer muito bem o assunto, tiver tempo disponível e a plateia não for muito numerosa, poderá permitir perguntas dos ouvintes, que proporcionam maior interação com a plateia e ajudam a esclarecer possíveis dúvidas. Outro recurso bastante útil para facilitar a compreensão das pessoas são os audiovisuais. Segundo alguns estudos, os ouvintes, depois de três dias, lembram-se apenas de 10% da apresentação; entretanto, com o auxílio dos recursos visuais, depois desse mesmo período passam a recordar 65% do que ouviram.

PERSUADIR E MOTIVAR

Se o objetivo for persuadir, convencer, envolver, motivar, inspirar ou estimular, se houver intenção de levar o ouvinte a aceitar ou rever uma opinião ou a produzir algo que esteja ou não nos planos da apresentação, o seu trabalho como orador deverá ser canalizado para a obtenção de argumentos, provas, análise de objeções e de pontos que possam ser refutados. Em algumas circunstâncias, você deverá estudar a possibilidade de fazer abordagens que sensibilizem e emocionem as pessoas, motivando-as, assim, a aceitar as propostas e as sugestões apresentadas.

Principalmente diante desses objetivos, é importante que você saiba, com a maior profundidade possível, quais as resistências que as pessoas possuem com relação ao assunto e até que ponto poderiam se sentir prejudicadas com seus argumentos. Essas informações a respeito do público poderão ser muito úteis no momento de planejar a linha de argumentação e também para saber se encontrará objeções por parte da plateia e, se elas existirem, em que momento deverão ser refutadas. Entretanto, como veremos mais à frente, cuidado para não supor a presença de objeções que na verdade não existem, pois essa atitude poderia criar resistências nos ouvintes que talvez nunca ocorreriam.

ENTRETER

Se o objetivo for entreter — geralmente o mais difícil de atingir –, você deverá contar com a sua presença de espírito, humor, ironia e informações que não exijam grande esforço de entendimento ou demasiada reflexão do público.

Lembre-se, entretanto, de que, para entreter a plateia, não é preciso ser necessariamente engraçado. Uma história bem contada, que toque a emoção dos ouvintes, por exemplo, poderá provocar grande interesse do auditório. Normalmente esse tipo de apresentação não exige conteúdos profundos, pois os ouvintes comparecem sem interesse de aprender, querem apenas transformar o evento num momento de lazer.

PROMOVER-SE

Se o objetivo for a autopromoção, você deverá empenhar-se para transmitir informações que, de modo sutil, ressaltem seus princípios morais, de honestidade e interesse pelo próximo, ou, ainda, demonstrar conhecimento e habilidade no trato de matérias que provoquem a admiração dos ouvintes. Para realizar o intento de promover a própria imagem, é necessário também ter qualidades de comunicação — boa voz, vocabulário abrangente, gramática bem cuidada, expressão corporal e boa dose de eloquência — que cativem a audiência independentemente do conteúdo ou da mensagem.

Esse objetivo é muito claro nas apresentações dos políticos, os quais, abordando temas que vão ao encontro das necessidades do público, pretendem mostrar que pensam dessa maneira para serem admirados e receberem votos. Isso não significa que não acreditam no que dizem (embora a maioria não acredite mesmo!), mas é importante que o eleitorado os veja e os sinta como se eles pensassem da maneira como se expressam.

3

CONHEÇA OS OUVINTES

É preciso saber para quem você irá falar. Numa apresentação, tudo deverá estar de acordo com o auditório. Você usará a voz com maior ou menor intensidade dependendo do número de pessoas presentes; escolherá o tipo de vocabulário de acordo com a capacidade de compreensão da plateia; adaptará a extensão e a abrangência dos gestos considerando o nível e a quantidade de participantes, assim como selecionará as informações tendo em vista as expectativas e as necessidades dos ouvintes que as receberão.

Uma palestra que conquistou estrondoso sucesso diante de um auditório de empresários do setor metalúrgico talvez pudesse ser um fracasso ou não atingisse o mesmo resultado se fosse realizada para um grupo de médicos ou agropecuaristas.

Mesmo sabendo que cada circunstância deve ser considerada pela análise específica das características que a compõem, você poderá identificar cada tipo de público levando em conta um conjunto de dados que permita uma avaliação geral dos ouvintes e a escolha da forma ideal para transmitir as informações de acordo com o caso. Para conhecer os ouvintes e melhor preparar sua apresentação, considere os seguintes itens:

— a importância de escutar — o primeiro passo;

— a plateia deseja o seu bom desempenho como orador;

— as questões que precisam de respostas para que você conheça melhor o público e dê a ele as informações apropriadas;

— as características do público que influenciam na preparação.

A IMPORTÂNCIA DE ESCUTAR — O PRIMEIRO PASSO

Só depois de aprender como as pessoas escutam é que poderá considerar completa a sua preparação como orador. Ao se apresentar, você precisa entrar em sintonia com o auditório, transmitir suas mensagens na mesma frequência do público. E só atingirá conscientemente esse objetivo se souber quais os mecanismos que levam ou não alguém a escutar.

O processo de escutar é muito mais abrangente que o simples ato de ouvir, pois pressupõe uma atitude voluntária do ouvinte, isto é, prestar atenção e querer entender a mensagem que lhe é dirigida. Para que ele tenha um comportamento ativo, depois de ouvir, deve ainda interpretar, fazer uma avaliação e, por fim, reagir ao que lhe foi transmitido.

Por isso, a diferença fundamental entre ouvir e escutar é que a primeira é uma atividade de natureza biológica, enquanto a segunda é uma atividade intelectual, que exige esforço do cérebro.

Algumas pessoas não conseguem se concentrar por algumas das seguintes razões:

— dificuldade de concentração;

— audição seletiva;

— prejulgamentos e distorções;

— qualidade da mensagem.

DIFICULDADE DE CONCENTRAÇÃO

É provável que você já tenha passado pela experiência de estar em contato com alguém que, pelas reações que tem e até pelo brilho dos olhos, demonstra estar com o interesse longe, desviado do assunto. Isso pode ocorrer porque a capacidade de concentração das pessoas normalmente é prejudicada pelo fato de o pensamento trabalhar mais ou menos quatro vezes mais rápido do que falamos. Como consequência, o ouvinte tem uma propensão natural para se distrair.

As distrações podem ser de natureza pessoal ou ambiental.

Distrações de natureza pessoal

A capacidade de pensar mais rápido permite que o ouvinte antecipe o que ainda será transmitido, trave uma espécie de debate mental em que apresenta objeções e sugere argumentos complementares ao que está sendo dito e passe a imaginar o que diria se estivesse na frente do público. Nesse caso, se você perceber o comportamento de hostilidade do ouvinte, procure deixar claro que tem consciência de que há opiniões diferentes que precisam ser consideradas. Ao perceber que você está levando em conta formas de pensar distintas, o ouvinte abrandará a atitude defensiva e, possivelmente, voltará a acompanhar com interesse a exposição. Ele pode ainda ter sua atenção prejudicada por fome, sono, cansaço, além de outros fatores que interfiram no seu bem-estar.

Distrações ambientais

Distrações ambientais tiram a concentração.

As pessoas também poderão não se concentrar na sua mensagem se fatores do ambiente em que se encontram desviarem a atenção delas, como, por exemplo, cadeiras desconfortáveis, ruídos externos, excesso de frio ou de calor, comportamento de outros ouvintes, problemas com iluminação e som etc. Nessas circunstâncias, procure não demonstrar contrariedade por causa desses fatores que incomodam e dispersam a atenção dos ouvintes, principalmente quando sentir que o problema não poderá ser solucionado. Se a situação for muito grave, reduza o tempo da apresentação o máximo que puder.

AUDIÇÃO SELETIVA

Embora as informações sejam as mesmas para todos os ouvintes, as pessoas escutam seletivamente, prestando atenção principalmente à parte do conteúdo que vai ao encontro de seus interesses.

Mesmo considerando que as pessoas se conscientizam cada vez mais de que não devem, ao ouvir, aceitar apenas as informações que correspondam à forma de pensar que têm , como também não devem sempre colocar resistência às mensagens que contrariem as convicções que formaram, dificilmente a plateia se comporta seguindo essa orientação. Se, depois de um debate entre dois candidatos políticos, por exemplo, for feita uma pesquisa junto aos eleitores, será possível constatar que, por causa da audição seletiva, eles assimilaram especialmente as informações que beneficiaram o candidato que apóiam e as que prejudicaram o adversário.

Portanto, ao falar, não importa somente se você está ou não do lado da verdade, mas, sim, quais as adaptações que deverá efetuar para que o público ouça e analise todos os ângulos da sua argumentação.

PREJULGAMENTOS E DISTORÇÕES

As suas palavras poderão ser prejulgadas e até desconsideradas por causa de sua aparência ou da forma como se expressa. É o que pode acontecer quando o traje é inadequado, a voz é cansativa, irritante ou monótona, a postura é desleixada ou arrogante e o comportamento apresenta vícios que incomodam, como, por exemplo, andar de um lado para outro, coçar seguidamente a cabeça ou outras partes do corpo, manipular objetos etc. É difícil ficar concentrado na mensagem se você fica o tempo todo girando nas mãos lápis, canetas, caderno de anotações. Do mesmo modo, o público não conseguirá se concentrar na sequência da apresentação se, por exemplo, você tiver o hábito de encerrar a maioria das suas frases com marcadores coloquiais, como "né?", "tá?", "percebe?", ou se produzir ruídos como "ãããã", "éééé", enquanto procura palavras para identificar seu pensamento.

Esses vícios da fala podem prejudicar a concentração da plateia e desviá-la do tema exposto.

Da mesma forma, os preconceitos, as emoções e os valores pessoais dos ouvintes têm força para distorcer o sentido da mensagem.

QUALIDADE DA MENSAGEM

Quando as pessoas sentem que terão dificuldade para entender a mensagem e precisarão fazer muito esforço para compreender o orador, criam uma espécie de bloqueio mental e passam a refletir sobre outros pontos alheios aos que ali estão sendo tratados. Apresentam o mesmo comportamento quando percebem que o assunto está sendo exposto de maneira muito simplista ou com a ordenação do raciocínio truncada. Portanto, a qualidade da mensagem deverá estar sempre de acordo com o nível intelectual predominante no auditório. É sempre possível tratar de qualquer assunto, por mais simples ou mais complexo que possa parecer, com linguagem e profundidade apropriadas para as pessoas a quem você se dirige. Basta sair de si mesmo e procurar compreender a expectativa e o nível de entendimento do público.

CONCLUSÃO

Por que um ouvinte escuta o orador?

Depois de analisar as dificuldades para escutar, pode-se concluir que **um orador conquistará a atenção de sua plateia se souber tocar no que interessa a ela**.

A forma como você se expressa, a credibilidade e a confiança que transmite são aspectos importantes, mas só conseguirá prender a atenção e expor de modo efetivo suas ideias se descobrir uma maneira de falar que esteja associada aos valores, às crenças, aos objetivos, aos medos e às paixões dos seus ouvintes.

Esse é um estudo e um aprendizado que você precisará empreender por toda a sua existência. Sempre poderá descobrir meios cada vez mais eficientes para compreender melhor o que efetivamente toca a realidade e o sentimento de cada público que irá encontrar e, assim, conquistar sua atenção, fazendo com que cada um ouça e reflita sobre as informações que você deseja transmitir.

A PLATEIA DESEJA O SEU BOM DESEMPENHO COMO ORADOR

Normalmente, o público possui uma receptividade favorável à atuação que você tem como orador. As pessoas estão ali na expectativa de ouvir informações que lhes possam ser úteis no desenvolvimento das atividades profissionais ou na vida pessoal. Se você não se sair bem, haverá perda de tempo desnecessária e o público terá suas expectativas frustradas.

Perceber que um expositor está com problemas na apresentação, esquecendo a mensagem, com excesso de nervosismo, é desconfortável e aflitivo para o ouvinte, que, em algumas ocasiões, chega a sentir-se mais perturbado do que aquele que se apresenta mal diante do auditório.

Em condições normais, a possibilidade da presença de alguém que torça pelo seu fracasso como orador é muito remota e, quando isso ocorre, o percentual chega a ser desprezível.

É possível dividir a plateia em duas categorias representativas: pessoas sem experiência de falar em público e pessoas com experiência de falar em público.

PESSOAS SEM EXPERIÊNCIA DE FALAR EM PÚBLICO

São as que ainda não se apresentaram em público, por medo ou por falta de oportunidades, e que, em ambos os casos, podem ter admiração pela sua coragem de enfrentar os ouvintes ou por ter conseguido se destacar em alguma área de atuação a ponto de ser convidado para falar.

PESSOAS COM EXPERIÊNCIA DE FALAR EM PÚBLICO

Nessa categoria, situam-se tanto os que já falaram e se saíram mal como os que se saíram bem. Os primeiros não gostariam que o mesmo ocorresse com você, que está lá na frente, pois entendem como essa tarefa é delicada. Já os que foram bem-sucedidos provavelmente precisaram se preparar muito e vencer diversas dificuldades para atingir esse estágio, por isso avaliam os esforços que você teve de fazer até chegar ali.

Lógico que motivações políticas, concorrências comerciais ou disputas corporativas e até mesmo sociais podem levar as pessoas a torcerem pelo seu fracasso como orador. Entretanto, o comportamento do público provocado por esses motivos ocorreria independentemente da qualidade da apresentação.

QUESTÕES PARA QUE VOCÊ CONHEÇA MELHOR O PÚBLICO E DÊ A ELE AS INFORMAÇÕES APROPRIADAS

— O que motivou os ouvintes a comparecerem à apresentação?
— Quanto os ouvintes já sabem sobre o assunto?
— Quanto os ouvintes gostariam de saber e quanto você deseja informar?
— O que move os ouvintes?
— Qual o espírito de participação dos ouvintes?

O QUE MOTIVOU OS OUVINTES A COMPARECEREM À APRESENTAÇÃO?

A pessoa comparece a uma apresentação porque espera atender a algum tipo de expectativa ou, ainda, para se desincumbir de uma tarefa.

Para informação ou aprimoramento profissional

Quando o assunto anunciado está direta ou indiretamente relacionado com a atividade profissional, ou quando as funções do orador têm alguma ligação ou semelhança com o trabalho que desenvolve. Incluem-se também nesta categoria de ouvintes aqueles que desejam mudar de atividade profissional ou ampliar suas funções. Uma palestra aberta ao público transforma-se numa ótima oportunidade de, em pouco tempo, o ouvinte obter informações sobre o novo campo de atuação pretendido.

Por necessidade social

Quando o relacionamento profissional ou social da pessoa exige ou indica a conveniência de estar presente numa determinada programação. Uma palestra concentra um grande número de pessoas que atuam e se dedicam a determinada área. Por isso, aqueles que desejam praticar o *networking* encontram nesse tipo de evento boas oportunidades para ampliar seus contatos. É comum, por exemplo, no intervalo para o café, profissionais trocarem cartões de visita e marcarem encontros.

Para representar ou substituir

Quando a pessoa se incumbe ou é incumbida de ouvir as informações para passar a alguém ou apenas representá-la no evento. Geralmente essas pessoas são muito interessadas e ficam atentas durante toda a apresentação, pois, ao retornarem às suas empresas, precisarão fazer um relato do que ouviram.

Para informação ou aprimoramento pessoal

Quando o assunto, estando ou não relacionado com a profissão do ouvinte, promete satisfazer algum tipo de interesse particular, como o aprendizado de um tema novo, um *hobby*, cultura geral. Esse tipo de ouvinte, quase sempre, é muito tranquilo e bastante interessado, pois comparece disposto a ouvir e aprender.

Por curiosidade

Quando o ouvinte pretende saber o que será tratado naquela apresentação, sem que o assunto esteja necessariamente ligado à sua área profissional ou aos temas pelos quais em geral se interessa. A pessoa que comparece a uma palestra por curiosidade perde a concentração facilmente. Se o assunto, por acaso, não tocar no seu campo de interesse imediato, não fica estimulada a acompanhar a mensagem.

Para acompanhar outras pessoas

Quando, não tendo nenhum interesse profissional ou particular pelo assunto, nem mesmo curiosidade em conhecê-lo, a pessoa vai à apresentação só para acompanhar amigos, parentes, colegas de trabalho ou alguém com quem precisa estar junto. Minha experiência pessoal constatou que esse é um público muito difícil de ser conquistado. Ele permanece distante, como se não tivesse de se envolver com os temas abordados e, na maioria das vezes, é muito crítico. Nas palestras inaugurais do meu Curso de Expressão Verbal, depois de tantos anos observando o comportamento dos ouvintes, é possível identificar aqueles que comparecem apenas para acompanhar outras pessoas. Como no final todos se apresentam, confirmo minhas suposições quando o ouvinte que ficou o tempo todo sério, sem reagir às brincadeiras, revela que estava ali só para acompanhar um amigo.

Por ser conhecido do orador

Quando o ouvinte conhece o orador e dirige-se à apresentação para prestigiá-lo, ver o seu trabalho, observar sua competência oratória ou seu conhecimento do assunto. Embora, aparentemente, esse ouvinte deva estar atento e interessado na palestra, nem sempre age assim. Por isso, tome cuidado, pois, por ser de seu relacionamento, é comum que ele se comporte como se conhecesse o assunto e tivesse total domínio da matéria. Assim, sem demonstrar resistência ou contrariedade, já que é conhecido de quem está se apresentando, mantém postura semelhante à de um fiscal que analisa e avalia o seu desempenho como orador e a reação da plateia. Costuma postar-se no fundo da sala e tomar a iniciativa de conversar com outros ouvintes que estejam ao lado dele.

Para se entreter

Quando imagina que naquela apresentação pode se divertir ou passar alguns momentos de prazer. Nessas circunstâncias, em geral, a pessoa não tem muito interesse pelo assunto em si, mas, sim, pela forma como será exposto. Esse tipo de ouvinte ri com facilidade e contagia as pessoas que estão em volta. O perigo, se ele for bastante desinibido, é que comece a querer participar da apresentação com perguntas e comentários, com o objetivo apenas de se divertir.

Além desses, existem motivos que poderiam ser considerados por semelhança, e alguns que talvez nem merecessem referência por não terem nenhuma ligação com o orador, o assunto, a plateia ou a circunstância em si. É o que ocorre, por exemplo, com as pessoas que, por não terem onde ficar ou dormir, vão a algumas igrejas para se proteger do tempo e se recostar nos bancos ou cadeiras.

Em todas essas circunstâncias, qualquer que tenha sido o motivo da presença das pessoas, cabe a você conquistar e manter a atenção delas. Embora cada situação apresente maior ou menor grau de dificuldade, todas poderão ser enfrentadas com sucesso, desde que se possa lançar mão das técnicas e dos recursos adequados.

Algumas pessoas não têm interesse na apresentação.

QUANTO OS OUVINTES JÁ SABEM SOBRE O ASSUNTO?

Ensina Quintiliano, nas *Instituições Oratórias*, que a

narração deve iniciar a partir do ponto em que o conhecimento dela pertence ao ouvinte, e não antes.

Com esse sensato conceito, o autor mostra que descobrir o que as pessoas já sabem sobre o assunto, além de evitar repetições desnecessárias que poderiam até arrefecer o interesse delas, permite tanto aferir a capacidade de compreensão que elas têm como determinar o grau de aprofundamento a ser estabelecido. Assim, você não correrá o risco de tratar de forma superficial um tema diante de um auditório que já possui o domínio da matéria nem de descer à mais profunda complexidade do conteúdo ao falar para um que esteja pouco familiarizado com os conceitos mais elementares da exposição.

Essas informações podem ser obtidas naturalmente quando se trata de uma apresentação técnica para um grupo determinado de profissionais. Por exemplo: ao esclarecer para securitários as condições de contratação para um novo tipo de seguro, você já saberá que os ouvintes conhecem as normas e os procedimentos para a realização de um contrato dessa natureza. Nesse caso, você apenas deveria transmitir as características próprias do produto que estivesse expondo e se aprofundar em detalhes técnicos, sem se preocupar com possíveis dificuldades de entendimento. Agora, se essa mesma palestra fosse realizada para empresários não pertencentes ao ramo das seguradoras, talvez fosse necessário esclarecer o funcionamento geral de um contrato de seguro para depois falar sobre o novo tipo de contratação.

Sendo possível, pergunte qual o nível de conhecimento dos ouvintes para a pessoa ou a entidade que o convidou. Se não souberem, em último caso, dependendo do domínio e da autoridade que você tenha, a dúvida talvez possa ser esclarecida com o auditório no momento da apresentação. Mas lembre-se de que essa hipótese deverá ser a última, pois, se a plateia já estiver bastante familiarizada com o tema, você, não estando preparado para essa eventualidade, ficará sem condições de resolver o problema e com o risco de apresentar informações que estejam aquém do interesse e da capacidade de entendimento do grupo.

É possível, também, recapitular ou rever algumas informações já conhecidas pela maioria. Nesse caso, você não deverá transmitir essa parte da mensagem como se fosse uma grande novidade, pois tal comportamento poderia enfraquecer sua apresentação. Nessas circunstâncias, antes de comunicar o que já é sabido, seria melhor esclarecer que tem consciência do fato, dizendo: "como todos sabem", "como sabemos", "como é do conhecimento geral" etc. Assim, estaria informando mais ou menos o seguinte: "Eu sei que vocês conhecem essa informação, apenas vou repeti-la para que possamos desenvolver o raciocínio juntos".

Em determinadas circunstâncias, você poderá deparar com grupos heterogêneos, compostos de pessoas que conhecem o assunto e de outras pouco familiarizadas com o tema. Nesses casos, a melhor atitude é imaginar um nível de compreensão intermediário, simplificando as informações um pouco abaixo desse ponto, de tal maneira que os que já conhecem o assunto não se desinteressem, e os que são leigos na matéria possam acompanhar a exposição apenas com o auxílio de algumas explicações complementares.

QUANTO OS OUVINTES GOSTARIAM DE SABER E QUANTO VOCÊ DESEJA INFORMAR?

O público poderá ter uma expectativa sobre a quantidade e a qualidade das informações que você irá apresentar que nem sempre corresponde à sua intenção de transmiti-las.

O seu desejo de informar está submetido aos objetivos que você estabeleceu, enquanto a pretensão do ouvinte de ser informado está ligada àquilo que provocou o comparecimento dele.

Suponha que a sua disposição fosse passar dados suficientes para que o público se motivasse a conhecer um produto dentro da sua empresa, local onde você teria mais condições de efetuar uma venda, mas a vontade do ouvinte fosse receber esses dados com tantos detalhes que não precisasse ir até lá para se decidir a comprar.

Descobrindo antecipadamente essa divergência de intenções, você poderia montar a apresentação de tal maneira que o ouvinte se convencesse dos benefícios que teria fazendo a visita.

Nem sempre o que as pessoas desejam ouvir está tão distante do que você pretende informar. Na verdade, essa circunstância ocorre na maioria das vezes, bastando pequenas adaptações para que a sua vontade e a do público se identifiquem.

Caberá ainda a você motivar a plateia para que deseje saber mais sobre o assunto, isto é, se os ouvintes não conhecerem o tema e se, por qualquer motivo, não tiverem interesse em obter informações sobre ele, será preciso descobrir uma forma de despertar-lhes a vontade de recebê-las. Se, entretanto, o grupo já tiver algum tipo de conhecimento, e a intenção for que os ouvintes saibam mais, o trabalho para estimulá-los deverá ser feito nesse sentido.

O objetivo era levar os ouvintes à empresa.

O QUE MOVE OS OUVINTES?

Qual a grande alavanca que movimenta a vida dos ouvintes? Descubra qual o apelo que os leva à ação e a tomar iniciativas. O dinheiro? O amor? A segurança? O prestígio social? A realização profissional ou a perspectiva dela? O bem-estar da família? Dos amigos? A religião? A política? A honestidade? A solidariedade? O prazer? O nacionalismo? Enfim, qual o objetivo predominante no grupo?

Além da consulta que você pode fazer na Internet, jornais e revistas também publicam com frequência resultados de pesquisas sobre os desejos das pessoas e a sua escala de valores. Seria interessante arquivar essas informações e estudá-las para aprender a conhecer melhor as necessidades e as aspirações que as pessoas têm.

Como exemplo, é interessante observar o resultado de um estudo feito pela *MPM: Lintas*, publicado há alguns anos pela revista *Veja*; independentemente de quando a pesquisa tenha sido realizada, importa apenas mostrar as diferenças acentuadas na escala de valores e nos desejos da classe elitizada e da multidão.

A ESCALA DE VALORES
Dinheiro e sexo não são prioridades

	ELITE	MULTIDÃO
1º lugar	Carreira profissional	Família
2º lugar	Família	Carreira profissional
3º lugar	Vida amorosa	Dinheiro
4º lugar	Sexo	Vida amorosa
5º lugar	Amigos	Amigos
6º lugar	Dinheiro	Aparência
7º lugar	Forma física	Sexo
8º lugar	Lazer	Lazer
9º lugar	Aparência	Forma física
10º lugar	Consumo	Consumo

SONHOS E PLANOS
O maior desejo é o êxito na carreira (em %)

	ELITE	MULTIDÃO
Sucesso profissional	66	61
Viajar para o exterior	56	28
Ganhar na loteria	44	60
Comprar casa própria	32	57
Comprar um carro novo	32	61
Montar seu próprio negócio	30	56
Comprar sítio/fazenda	26	44
Ter casa de férias	24	47
Morar fora do país	24	13
Estudar fora do país	22	13

Obs.: Respostas múltiplas

DESEJOS IMEDIATOS
A elite quer mais tempo, a multidão quer ganhar melhor (em %)

	ELITE	MULTIDÃO
Conviver mais com a família	56	57
Ganhar mais dinheiro	56	75
Curtir mais a vida	56	58
Ler mais livros	52	27
Fazer ginástica/esporte	50	34
Melhorar no emprego	44	48
Procurar mais os amigos	42	44
Fazer poupança	38	47
Estudar mais/fazer cursos	30	39
Emagrecer	26	29

Obs.: Respostas múltiplas

A partir de pesquisas semelhantes, será possível direcionar a apresentação para atender às expectativas dos ouvintes. Observe que não estou pregando ou estimulando a manipulação das informações, mas, sim, recomendando que se faça uso mais apropriado dos dados, para que a mensagem vá ao encontro do interesse das pessoas.

Há várias formas de desenvolver um assunto. Sem que você se desvie do seu objetivo principal e sem fugir da verdade, talvez possa adaptar as informações dirigindo-as para o interesse do auditório — suas crenças, valores, tradições — e, com isso, ter a vontade dos presentes a seu favor.

Não será muito difícil, por exemplo, descobrir que os ouvintes se orgulham de um conterrâneo ilustre, de um ex-presidente do clube que hoje ocupa posto de destaque na política, nas artes ou no mundo empresarial, e fazer algum tipo de ligação entre o tema sobre o qual você vai falar e uma dessas informações que despertam o interesse do grupo.

QUAL O ESPÍRITO DE PARTICIPAÇÃO DOS OUVINTES?

Motivado ou receptivo

O público se interessa pelo assunto e conhece sua competência; as pessoas vão para a apresentação prontas para ouvir com boa vontade o que será transmitido. Sem dúvida esse é o melhor tipo de plateia. Entretanto, lembre-se de que as pessoas que vão à apresentação motivadas e receptivas possuem expectativa bastante elevada e, se por acaso tiverem suas aspirações frustradas quanto ao resultado do evento, elas poderão se transformar em críticas fervorosas.

Amistoso

O público recebe você de maneira amistosa, sem colocar nenhuma resistência. Se você se apresentar bem, os ouvintes gostarão, mas não existe nenhum entusiasmo na expectativa de que isso ocorra — tudo dependerá da qualidade da apresentação. E *apresentar-se bem* não se resume apenas ao seu desempenho estético, como voz agradável, vocabulário apropriado e expressão corporal harmoniosa, mas também, e principalmente, *apresentar-se bem* com relação ao conteúdo da mensagem. É fácil deduzir que de nada adiantará você possuir todas essas qualidades se o assunto não atender às necessidades e às expectativas dos ouvintes.

Hostil

O público será hostil quando se sentir prejudicado de alguma forma. Podemos identificar três tipos mais comuns de hostilidade: com relação ao tema, com relação ao orador, com relação ao ambiente. Quando estudarmos as regras para a introdução da fala, você verá que, para cada tipo de hostilidade, há uma maneira conveniente de iniciar, permitindo que o público se torne dócil, sem barreiras. Retomaremos o assunto hostilidade mais adiante, no item *O público hostil*. Entretanto, talvez seja conveniente adiantar que a identificação do tipo de hostilidade a ser enfrentada deve ser uma tarefa de casa. É importante chegar diante do público sabendo quais são as suas resistências e de que forma poderão ser combatidas.

Apático ou indiferente

Esse comportamento ocorre quando as pessoas se dirigem à apresentação sem nenhum interesse pelo assunto. Em geral, é o caso daqueles que acompanham outros ouvintes, ou que comparecem com objetivos sociais, por ordem de superiores hierárquicos, enfim, por qualquer tipo de obrigação ou circunstância alheia à sua vontade.

Considere esse tipo de auditório, na maioria das vezes, como o mais difícil de enfrentar. É pior até do que a plateia hostil, pois esta, embora ofereça resistências, vibra, discute, questiona, demonstrando, com sua discordância, o que está pretendendo. O indiferente não: ele não se manifesta e não se preocupa se você fala ou deixa de falar. Seu pensamento vaga distante e alheio aos acontecimentos daquele ambiente.

O público indiferente é o mais difícil.

Desatento

É diferente do apático. O apático não tem interesse pelo assunto, por você nem pelas circunstâncias que cercam a apresentação. O desatento, ao contrário, pode estar interessado, mas, por um motivo qualquer, acaba se distraindo ou não consegue se concentrar nas palavras e na linha de raciocínio, por não perceber com clareza as vantagens que teria assimilando aquela mensagem. É um comportamento que pode estar presente na atitude de qualquer tipo de ouvinte, até no receptivo.

Lembro-me muito bem de um querido professor de matemática, Ulisses Ribeiro, que tinha um jeito todo peculiar de reconquistar a atenção dos alunos que se distraíam. Quando o mestre percebia um aluno desatento, punha para funcionar uma de suas inigualáveis habilidades para trazê-lo de volta à realidade. Ele andava o tempo todo com o bolso do jaleco cheio de pedacinhos de giz e tinha uma pontaria impressionante. Sem que o aluno percebesse, independentemente da distância, atirava o pedaço de giz, como se joga uma bolinha de gude, e acertava a testa do distraído. Todos se divertiam muito com aquele gesto característico do mestre, e ninguém se sentia agredido ou magoado.

CARACTERÍSTICAS DO PÚBLICO QUE INFLUENCIAM NA PREPARAÇÃO

Em geral, o público é formado por pessoas com perfil distinto e que, por isso, possuem aspectos de percepção, resistência e análise diferentes, como interesses, crenças, valores, sensibilidade, nível de concentração, experiência e capacidade de entendimento. Assim, o que lhe interessa como fonte de estudo são as características predominantes da plateia. Elas é que devem orientar o seu preparo e o seu comportamento como orador.

As principais características do público são:

— sexo;

— idade;

— nível sociocultural;

— diversidade racial.

SEXO

Homens e mulheres possuem, como você sabe, a mesma capacidade de entendimento e de assimilação de qualquer tipo de assunto. A diferença no interesse por um tema entre pessoas do sexo feminino e masculino reside basicamente na forma de apresentá-lo. Estudos recentes

mostram que o homem se deixa envolver mais por exposições que oferecem provas com números e dados lógicos e concatenados, enquanto as mulheres, pelo fato de possuírem a sensibilidade e a intuição em geral mais desenvolvidas, podem aceitar argumentos independentemente das provas e da maneira como são ordenados.

As empresárias e as executivas que participam do nosso curso, embora não encarem o fato como um obstáculo na comunicação, comentam com frequência que, diante de grupos predominantemente femininos, podem encontrar, muitas vezes, certa cumplicidade e benevolência da sua plateia; mas, em determinadas circunstâncias, percebem também, de maneira mais acentuada do que quando falam para auditórios predominantemente masculinos, um sentimento de competitividade e de rivalidade na reação de algumas mulheres, não importando o assunto de que tratam.

Quando enfrentam públicos predominantemente masculinos, essa espécie de disputa só aparece se os ouvintes se sentirem prejudicados nas suas ideias ou atividades pela importância conquistada pela oradora ou pelo risco que supõem estar correndo por causa das mensagens apresentadas. Dizem também que os homens, embora raras vezes confessem de maneira aberta, resistem mais à ideia de aceitá-las como autoridade num determinado assunto, mesmo que demonstrem simpatia e tolerância. Só não experimentam essa resistência as que possuem inquestionável capacidade e reputação na área em que atuam. Mesmo com esses atributos, quando não têm fama, voltam a sentir o problema ao falar para desconhecidos.

Quando um homem fala para plateias masculinas, o sexo não tem nenhuma influência no resultado da apresentação. Se o público for feminino, o fato de as mulheres não considerarem as provas e a sequência concatenada do raciocínio como elementos fundamentais na sua análise e decisão não significa que sejam fáceis de ser convencidas; ao contrário, sua sensibilidade e espírito crítico podem detectar mais facilmente possíveis artimanhas e falsidades do orador.

Se o homem pretender elogiá-las, deverá ser sincero nas suas apreciações. Elas estão cansadas dos bajuladores, que usam o elogio gratuito apenas como forma prática de atingir seus objetivos.

De nada adiantará também enaltecê-las se demonstrar condescendência na forma de falar, como se fosse superior a elas. É preciso evitar tratamentos no diminutivo, excessos de intimidades e ter em mente também que o uso de anedotas, histórias e vocábulos em geral aceitos pelos homens talvez não encontre a mesma receptividade junto às mulheres. Respeito, gentileza e seriedade são alguns ingredientes que ajudarão o orador diante do público feminino.

IDADE

O público pode ser dividido em quatro faixas etárias:

— infantil (até doze ou treze anos);

— jovem (entre doze e dezoito anos);

— adulto (entre dezoito e setenta anos);

— idoso (acima de setenta anos).

Essas faixas etárias são apenas orientações gerais, podendo ser alteradas de acordo com a formação, a experiência, o meio ambiente e o nível sociocultural e econômico das pessoas analisadas.

Veja as principais orientações para falar com um público infantil, um público jovem e um público adulto.

Como falar com um público infantil

As conquistas tecnológicas e as transformações sociais alteraram o comportamento e a forma de pensar das crianças. Uma criança, hoje, possui características distintas daquela que existia há mais de vinte anos. Seus brinquedos são outros, suas experiências, suas necessidades, seus passatempos, seu poder de compreensão e seu espírito crítico estão totalmente modificados. A maneira como você deve falar com as crianças, hoje, é muito diversa daquela usada há alguns anos, e, se tiver de se apresentar para um público infantil sem a consciência dessa evolução, que se torna mais rápida e evidente a cada geração, encontrará dificuldades para atingir seus objetivos.

Entretanto, alguns fatores permaneceram constantes, gerações após gerações, na forma de ser das crianças. Nesta fase, elas são mais egoístas, em geral, rejeitando repartir o que lhes pertence; suas atitudes são espontâneas e naturais quando sentem um ambiente favorável e sem antagonismos ou pressões; são inquietas e têm dificuldade de se concentrar num assunto ou tarefa por tempo prolongado. Da mesma forma como a curiosidade, bastante acentuada, as aproxima de qualquer informação ou acontecimento, a impaciência também pode afastá-las depressa. Seu vocabulário está em fase de formação e, por mais abrangente que possa parecer, é quase sempre insuficiente para identificar pensamentos complexos que se associem a conceitos abstratos ou subjetivos.

A comunicação voltada à criança precisa ser leve, com termos simples, apoiada por pequenas histórias que a ajudem a assimilar a mensagem e que retenham sua atenção mais demoradamente. À medida que vão avançando na idade, as crianças não gostam muito que os adultos se dirijam a elas com voz e expressões que as imitem; preferem uma fala simpática, suave, mas sem interpretação.

Como falar com um público jovem

O jovem, mais do que qualquer pessoa de outras faixas etárias, sofreu uma extraordinária transformação nos últimos anos. Em pouco tempo, nós o vemos diferente, com novos objetivos, adotando outros ídolos, rompendo com antigas regras e derrubando tabus e preconceitos que pareciam intocáveis. Essa alteração ocorreu com ele dentro da família, na convivência em sociedade, na visão sobre o sexo, nas artes e nas perspectivas de vida profissional. Se você observar hoje a sua preferência por uma carreira, descobrirá que é outra, diferente da que almejava ontem. É uma mudança tão rápida e tão difícil de ser acompanhada que é preciso estar muito atento para perceber cada nova etapa.

Se fosse realizada uma pesquisa hoje para comparar o interesse dos jovens de dez ou vinte anos atrás, com certeza seria constatado que as personalidades admiradas ou rejeitadas por eles na música, no teatro, na TV, na política, no mundo corporativo, enfim, nas mais diversas atividades, são outras, bem diferentes.

Porém, o jovem também possui algumas características constantes ao longo do tempo: nessa fase a pessoa é mais idealista, faz planos e se entusiasma com o que pretende conquistar no futuro; gosta de aprender, de descobrir e de realizar; orienta sua vida para uma convivência mais participativa, abandonando o excesso de individualidade dos primeiros anos; interessa-se por quase todos os assuntos, quando bem conduzidos e apresentados de maneira estimulante; sua capacidade de entendimento é praticamente total, pois o seu vocabulário está consolidado.

Há uma tendência por parte de alguns adultos de subestimar a capacidade de crítica e de entendimento do jovem, tratando-o como uma pessoa despreparada. Esse comportamento do orador irrita o jovem, que passa a apresentar resistências na aceitação das informações a ele transmitidas.

Se você quiser conquistar o jovem deverá respeitá-lo e entender suas possíveis limitações. Não é porque ele ainda não teve todas as experiências ou não aprendeu tudo o que a vida lhe reserva que poderá tratá-lo com desconsideração ou negligência. Quando reunidos em grupo, os jovens podem se tornar irreverentes e questionadores, e esse comportamento precisa ser considerado com benevolência, desde que você não perca a autoridade ou tenha a sua apresentação prejudicada. A presença de espírito e o humor são quase sempre muito bem desenvolvidos nos jovens.

Quem quiser conquistar o jovem deverá respeitá-lo.

Como falar com um público adulto

Neste momento convém chamar a atenção para o fato de que a faixa etária é um importante indicador do preparo e do nível de entendimento do auditório. Mas isso não significa que, pelo fato de o público ter predominância de pessoas adultas, elas sejam preparadas e experientes. Às vezes, mesmo sendo adultas, não possuem formação nem vivência.

Se o público adulto se preparou com regularidade, é, em tese, o melhor tipo de plateia que você poderia encontrar. São ouvintes experientes, com nível de compreensão que permite o desenvolvimento de raciocínios mais abstratos, e conseguem chegar a conclusões a partir de um pedido de reflexão. E os idosos? Você dá uma olhada na plateia e percebe muita gente de cabelinho branco, lenço no pescoço e apertando os olhos para enxergar melhor. Prepare-se para falar do passado, contar uns "causos", reviver antigos ídolos, porque essa moçada já dobrou a linha dos setenta e tantos. À medida que os anos vão passando, as pessoas diminuem o interesse pelo futuro e se deliciam com fatos que marcaram sua existência. Portanto, se desejar envolver e conquistar esses ouvintes mais idosos, procure aproveitar a experiência que acumularam ao longo da vida para que o acompanhem e cheguem à conclusão que está pretendendo. Cuidado também para não dar uma de superior e falar com eles como se fossem criancinhas. Eles detestam esse tipo de tratamento. Não se esqueça de que eles já chegaram aonde nem sabemos se conseguiremos chegar.

São também pessoas mais críticas e de espírito desconfiado. Pela própria idade, elas têm mais dificuldade para ouvir; por isso, diante de um público assim, pronuncie bem as palavras e tenha o cuidado de falar com um pouco mais de intensidade. Se você for muito jovem, deverá evitar o tratamento informal e ser comedido com as brincadeiras e tiradas humorísticas.

NÍVEL SOCIOCULTURAL

Se forem consideradas duas categorias extremas, você poderá, dentro do nível sociocultural, classificar as pessoas em incultas e cultas.

Pessoas incultas

Se o nível intelectual predominante for médio para baixo, isto é, se você precisar falar para um grupo composto de pessoas incultas, com dificuldade de entendimento, não poderá transmitir informações de maneira complexa a partir de pensamentos abstratos, pois, provavelmente, elas não conseguiriam acompanhar seu raciocínio e perderiam o interesse. Assim como não seria conveniente desenvolver uma brilhante e consistente linha de argumentação e ao final pedir a esses ouvintes que refletissem e chegassem a uma conclusão, porque é fácil deduzir que, por terem dificuldade de compreensão, não conseguiriam sozinhos chegar às respostas que você pretendia. Quando perceber que as pessoas possuem nível intelectual médio para baixo, transmita as informações de maneira clara, acompanhadas de ilustrações; empenhe-se em repetir os conceitos importantes várias vezes com palavras diferentes e, se depois de alguns argumentos, resolver levantar uma reflexão, você é que deverá dar a conclusão, sempre com o objetivo de facilitar o entendimento delas. Tenha em mente que, diante de pessoas com essas características, o trabalho de interpretar, explicar, deverá ser seu, pois, se delegar essa tarefa para os ouvintes, terá grande chance de fracassar.

O público inculto tem muita dificuldade para entender e é mais influenciado pelas observações emocionais do que pela razão. Os indivíduos despreparados envolvem-se com informações que correspondam à forma como eles pensam e atendam às expectativas deles; por isso, estão muito sujeitos às formas demagógicas e oportunistas de transmissão da mensagem. A receptividade deles à emoção torna-os influenciáveis, mais pela inflexão da voz e gesticulação do que pela coerência do conteúdo.

Alguns, mesmo não tendo se preparado na vida escolar, são bastante inteligentes e intuitivos e se comportam de maneira excepcional. Você poderá incluir também nesse grupo aqueles que não frequentaram escolas, mas conviveram em ambientes de pessoas bem preparadas e se aperfeiçoaram com essa aproximação. Em geral, você faz essa descoberta quando já está diante dos ouvintes e pode observar a reação e o comportamento deles. A maneira como se sentam, como acompanham a exposição, as perguntas que fazem e a forma como reagem diante das brincadeiras ou informações mais sutis são algumas das indicações que podem orientá-lo.

Pessoas cultas

Ao contrário, se o nível intelectual predominante do grupo for médio para cima, você poderá apresentar as informações por meio de raciocínios mais abstratos e complexos, pois, como as pessoas possuem boa formação, conseguirão acompanhar suas ideias com facilidade, e, neste caso, se depois de alguns argumentos resolver levantar uma reflexão, poderá deixar a conclusão por conta delas. E aqui cabe ainda uma observação importante: durante a apresentação, os seus argumentos irão impregnar a mente dos ouvintes e, ao levantar a reflexão no final, além de as pessoas sentirem prazer em chegar sozinhas às conclusões, muito provavelmente elas se basearão nos argumentos que foram apresentados. Portanto, as chances de que concluam de acordo com seus interesses serão ampliadas. Desde que, evidentemente, sejam pessoas bem preparadas.

O público culto é mais receptivo às considerações racionais e não se envolve com facilidade diante dos artifícios demagógicos. Gosta do humor inteligente e compreende bem qualquer informação, pois seu vocabulário amplo identifica com rapidez a linha de pensamento do orador e, mesmo que não conheça determinada palavra, poderá deduzir seu significado dentro do contexto apresentado.

É uma plateia mais exigente, mas que, se convencida com argumentos sólidos, poderá até mudar de opinião sobre um assunto.

Alguns ouvintes mais preparados logo se desinteressam se percebem que o orador não domina a matéria que apresenta. Outros, ao sentirem que permanecendo ali só perderão tempo, chegam a se retirar do auditório.

DIVERSIDADE RACIAL

A nacionalidade e a origem racial são muito importantes na avaliação de um público. Sabe-se que os orientais e alguns povos da Europa, como os alemães e os suíços, são mais receptivos às apresentações formais e aos argumentos baseados em fatos e números, ou seja, orientados pela razão. Os latinos podem aceitar melhor a informalidade e permitem mensagens adornadas por apresentações mais emocionais.

Se tiver de se apresentar diante de pessoas de hábitos ou tradições culturais distintos dos seus, procure inteirar-se o máximo que puder sobre as diferenças que poderá encontrar e prepare-se para se adaptar a essa nova realidade. Lembre-se de que só obterá sucesso com sua comunicação se souber como agir para que a mensagem chegue de maneira apropriada aos ouvintes. Por isso, não tente impor sua maneira de ser como se fosse uma espécie de medida para todas as pessoas. Respeite-as como elas são e terá muito mais chances de conquistá-las.

Você deverá suprimir qualquer informação que resvale ou insinue algum tipo de preconceito racial. Mesmo que a raça mencionada não esteja presente, por ser a postura antipreconceituosa cada vez mais acentuada em todas as pessoas, o público poderá receber o comentário preconceituoso como uma agressão pessoal.

4

VERIFIQUE O LOCAL E AS CIRCUNSTÂNCIAS DA APRESENTAÇÃO

Alguns cuidados com o local e com as circunstâncias que cercam a apresentação ajudam a indicar o melhor caminho para você alcançar um bom resultado diante do público. São observações que você faz naturalmente, até de maneira intuitiva, mas, se não se disciplinar com uma lista de itens a serem verificados, correrá o risco de negligenciar o levantamento de informações que, talvez, tenham influência decisiva na qualidade da exposição.

Por estranho que possa parecer, oradores com maior experiência são os mais vulneráveis à ocorrência de fatos inesperados. Julgam, geralmente, que por estarem acostumados a fazer apresentações não encontrarão problemas e imaginam que, se eles surgirem, saberão como contorná-los.

Esse comportamento poderá trazer resultados desastrosos. Primeiro porque obstáculos aparecem com mais frequência do que normalmente se supõe; depois, de nada adiantará ser experiente se a solução depender de fatores alheios a sua ação.

Portanto — não importa se você é iniciante ou traquejado no uso da palavra em público —, fique sempre atento a todos estes itens que iremos analisar:

— o tamanho do auditório;

— o local;

— os recursos disponíveis;

— o apoio da apresentação;

— os ambientes abertos;

— as últimas observações.

O TAMANHO DO AUDITÓRIO

Será que você falará para um auditório numeroso, com mais de duzentas pessoas, ou para um público pequeno, de dez ou quinze ouvintes?

Precisamos saber o tamanho do auditório.

Imagine uma circunstância em que você, despretensiosamente, se dirigisse a uma reunião informal para falar com uma dúzia de pessoas e, então, descobrisse que, na verdade, a exposição seria para uma plateia bastante numerosa, com centenas de ouvintes.

Talvez essa surpresa causasse desconforto, porque exigiria um grande esforço de concentração a fim de se adaptar à nova realidade.

É provável, também, que os recursos visuais fossem inadequados, pois o uso de um *flip chart*, que atenderia às necessidades de um pequeno auditório, não seria próprio para uma grande plateia, e a quantidade de folhetos destinados a um pequeno grupo se tornaria insuficiente para um público numeroso.

O auditório numeroso permite, e em determinadas circunstâncias até exige, gesticulação mais abrangente e volume de voz mais intenso. A plateia pequena possibilita uma comunicação mais informal e intimista, podendo você falar em volume mais baixo de voz e gesticulação mais moderada.

O LOCAL

É importante saber como é o trajeto até o local da apresentação.

Faz parte do preparo de uma apresentação saber onde ela será realizada.

Descubra se o local é de fácil acesso, se no caminho encontrará trânsito pesado e vagaroso, quanto tempo será necessário para chegar, se há estacionamento próprio ou não.

Se precisar falar em outra cidade, sendo possível, chegue no período anterior ao da apresentação, isto é, se for à tarde, chegue pela manhã; se for à noite, chegue à tarde e, dependendo da distância, talvez até seja necessário chegar um dia antes do evento.

Ainda com relação ao local, você precisará conhecer em que circunstâncias a apresentação ocorrerá. Será prudente observar se as cadeiras são confortáveis, como estão dispostas e se o número é suficiente para o público esperado. Quando os ouvintes estão bem acomodados e tendo boa visibilidade do orador, mostram-se mais dóceis e receptivos. Se, ao contrário, precisarem ficar em pé ou sentados em cadeiras desconfortáveis, em salas pouco ventiladas ou com iluminação deficiente, podem se tornar ansiosos, com vontade de sair e até desenvolver algum tipo de hostilidade com relação ao orador ou às ideias apresentadas. Se não puder influir na melhoria das acomodações, a solução é falar o mais rápido possível.

Se o auditório for maior do que seria necessário para a quantidade de pessoas presentes, convém colocá-las próximas umas das outras nas primeiras fileiras. Se os ouvintes ficarem distantes, afastados uns dos outros, talvez se sintam alheios ao ambiente e desmotivados a se envolverem com a apresentação.

Se julgar conveniente fazer com que os ouvintes mudem mais para a frente da sala, evite assumir essa tarefa. É preferível pedir ao responsável pelo evento que tome a iniciativa, pois, estando as pessoas já acomodadas, poderão irritar-se por ter de sair das suas cadeiras. É óbvio que, se existe o risco de contrariar a plateia, você — que fará a apresentação com a incumbência de conquistar o público — deverá evitar ser o causador do aborrecimento.

Por sua vez, para não alimentar um provável nervosismo, é prudente não deixar os primeiros ouvintes muito próximos a você, especialmente se estiver atuando ainda como principiante. Posicione-se de três a cinco metros das primeiras cadeiras. Em ambientes grandes, com público numeroso, a distância pode ser ainda maior. À medida que você for se sentindo mais à vontade, desde que a circunstância permita, poderá se aproximar mais do público.

Entretanto, há pessoas que ficam mais inseguras quando se distanciam da plateia, por se sentirem alvo das atenções. Caberá a você decidir que distância do público o deixa mais à vontade.

OS RECURSOS DISPONÍVEIS

Verificação dos recursos disponíveis.

Tudo precisa ser verificado nos menores detalhes para evitar, ao máximo, que algo possa sair errado e atrapalhar o evento. Confira com antecedência os tipos e o funcionamento dos microfones disponíveis; a qualidade do som e a acústica da sala; os projetores multimídia, os aparelhos de retroprojeção, projetores de *slides*, vídeos e áudios; o local das tomadas, a necessidade de fios de extensão ou lâmpadas de reserva; a existência ou não, na sala, de telefones que poderiam tocar durante a exposição; as folhas de papel do *flip chart*; os pincéis e o giz; o lugar ideal para a lousa, o quadro magnético ou a tela para projeção.

Provavelmente, você nem sempre terá condições de fazer todas essas verificações com muita antecedência. Por isso, ao chegar ao local da apresentação, seja rigoroso com respeito a essa preparação. Peça para falar com o responsável pelo som e pelos equipamentos de projeção e faça com ele os testes para o uso de CDs, DVDs, fitas de vídeo e outros recursos que pretenda utilizar.

O APOIO DA APRESENTAÇÃO

Se a apresentação for num hotel, saiba quem é a pessoa responsável pela sala que irá ocupar, se possuem um técnico de manutenção e quais os ramais telefônicos que deverão ser acionados no caso de uma emergência.

Mesmo que uma pessoa especializada faça a instalação do equipamento a ser utilizado, procure testá-lo pessoalmente e verifique se está de acordo com suas necessidades e apropriado para aquele ambiente.

E aqui vai um conselho baseado na minha experiência pessoal: faça tudo o que puder para que o som seja da melhor qualidade possível. Quando o som é de boa qualidade, nós nos sentimos abraçados pela própria voz e falamos com ritmo e cadência agradáveis, sem esforço. Quando, entretanto, o som é deficiente, nós nos sentimos desamparados, temos que fazer esforço com a voz, deixamos de alternar o volume e a velocidade, e o resultado da apresentação, de maneira geral, é prejudicado.

Se você faz apresentações com frequência e utiliza, na maioria das vezes, os mesmos recursos, como microfones sem fio, câmeras de vídeo, projetores multimídia, computadores (principalmente se forem pequenos e leves), analise a possibilidade de ter os seus próprios equipamentos. Além de dominar com mais segurança os seus instrumentos de apoio, evitará o risco de receber dos organizadores do evento aparelhos defeituosos ou sem condições apropriadas para funcionar.

OS AMBIENTES ABERTOS

Apresentações em ambientes abertos.

São muitos os detalhes que você precisa verificar antes de uma apresentação ser realizada num ambiente aberto. Desde a consulta ao serviço de meteorologia, para saber se há previsão de chuvas — e, nesse caso, providenciar um local coberto para proteger as pessoas que compõem a assistência —, até a posição do sol e o sentido do vento, para escolher o melhor lugar para a tribuna. Mas, de todos os cuidados, nessas circunstâncias, o mais importante diz respeito à qualidade do som. Em ambientes abertos, se você falar sem microfone, a voz não alcançará mais do que alguns poucos metros, e o público não conseguirá ouvir a mensagem.

Em geral, nessas ocasiões, a plateia é numerosa e permanece em pé, numa posição desconfortável, o que a deixa sem condições para ouvir por tempo prolongado.

Também nessa circunstância, provavelmente, nem sempre você terá condições de verificar pessoalmente todos os detalhes. Entretanto, saiba que a responsabilidade pelo sucesso ou pelo fracasso da apresentação será sempre sua. Por isso, encarregue alguém de sua confiança para observar se todas as providências foram tomadas.

AS ÚLTIMAS OBSERVAÇÕES

Ao chegar ao local, você deve tomar algumas providências importantes para o sucesso da apresentação. Estes são alguns dos dados mais importantes que precisam ser confirmados:

— o nome correto e o cargo ou a posição hierárquica das pessoas a serem mencionadas ou que irão compor a mesa diretora (convém orientar o responsável pelo evento para que avise de imediato a ocorrência de qualquer alteração);

— se algum fato relevante ocorreu antes de sua chegada;

— se algum fato ou informação deveriam ser evitados, devido à presença de uma pessoa ou de um grupo delas;

— quem falará antes e depois;

— quais os assuntos sobre os quais as outras pessoas irão discorrer, para ter certeza de que o programa inicialmente proposto não foi alterado;

— se irá falar em pé ou sentado, ou se terá liberdade de escolher a maneira de se apresentar;

— se usará uma tribuna e, em caso afirmativo, se ela é adequada à sua estatura. No caso de você ser baixo, talvez seja necessário um pequeno tablado (imperceptível aos ouvintes) para não ficar escondido, só com a cabeça aparecendo.

Quando a Rainha Elizabeth II visitou os Estados Unidos, os responsáveis pelo cerimonial negligenciaram esse detalhe e ela praticamente desapareceu atrás da tribuna, preparada para o presidente George Bush, muito mais alto. Sua fala ficou conhecida como o discurso do chapéu ou das listras, porque o chapéu listrado foi a única "parte" visível da Rainha.

Já nos eventos em que o ex-presidente americano Bill Clinton se apresentava logo após sua esposa Hillary, era possível verificar que, quando ele chegava diante do público para falar, sempre empurrava discretamente com o pé um pequeno tablado para baixo da tribuna, ali colocado estrategicamente a fim de que proporcionasse a mesma altura ao casal, devido a sua estatura mais elevada que a dela.

O chapéu foi a única "parte" visível da Rainha.

5

FAÇA A PESQUISA E A ESCOLHA DAS INFORMAÇÕES

Depois de definir o assunto, ter traçado os objetivos da apresentação e identificado de forma correta as características dos ouvintes, boa parte da sua pesquisa e da escolha das informações já terá sido realizada. Veja alguns critérios para completar o levantamento de dados sobre a matéria a ser exposta:

— comece a pesquisa e a montagem da apresentação pelo assunto central;

— não censure;

— recorra a seus próprios conhecimentos;

— converse com outros especialistas;

— consulte bibliotecas, livrarias e arquivos de jornais;

— consulte filmes;

— visite o local;

— monte um arquivo;

— concentre-se no assunto;

— separe e relacione as informações.

COMECE A PESQUISA E A MONTAGEM DA APRESENTAÇÃO PELO ASSUNTO CENTRAL

Uma apresentação possui quatro partes: introdução, preparação, assunto central e conclusão. Essa é a ordem que deverá ser utilizada para expor o assunto diante do público. Entretanto, no momento da pesquisa, escolha e preparo das informações, comece por aquelas que sejam pertinentes ao assunto central.

Deixe as informações que utilizará na introdução e nas outras partes para o final. Embora não exista nenhuma regra que estabeleça normas para a ordem de colocação dos dados que são levantados, como linha geral de conduta, sugiro que inicie a montagem pelo assunto central, seguido da preparação, da conclusão e, por fim, da introdução.

É simples deduzir que você só poderá elaborar a preparação para ajudar os ouvintes a entender o assunto central depois que este tiver sido identificado. Assim como a introdução só poderá ser decidida depois que você souber quais são as informações do assunto central.

Ordem da apresentação	Ordem de montagem da apresentação
1º — Introdução	1º — Informações do Assunto Central e da Preparação
2º — Preparação	2º — Informações da Conclusão
3º — Assunto Central	3º — Informações da Introdução
4º — Conclusão	

NÃO CENSURE

Todas as informações poderão ser úteis, quer como argumentos diretos, quer para servir como apoio ou ilustração. Agora não é o momento para estabelecer critérios de censura ou de seleções preciosistas: tudo o que tiver ligação direta ou indireta com o tema deverá ser considerado.

Mesmo que determinada informação seja retirada ao fazer a montagem final da sequência da fala, ela ainda poderá participar da apresentação, pois, diante da plateia, sentindo a emoção produzida nos ouvintes pela mensagem, nem sempre imaginada com toda sua amplitude no instante geralmente solitário do planejamento, o dado antes desconsiderado poderá se encaixar com propriedade naquele novo contexto.

Considere também que, quanto mais informações você tiver sobre a matéria que irá apresentar, mesmo que não as utilize, pelo fato de poder contar com elas a qualquer momento, mais seguro e confiante irá se sentir.

RECORRA AOS PRÓPRIOS CONHECIMENTOS

Antes de se empenhar na pesquisa de informações nas diversas fontes disponíveis, verifique o que já conhece sobre o assunto. Normalmente você será convidado ou indicado para falar sobre temas que domina, e um pouco de reflexão poderá demonstrar que sabe muito mais do que imaginava.

Nesse momento de descoberta das informações que você já possui, além dos dados que são diretamente ligados ao tema, poderá selecionar também aqueles que, mesmo não fazendo parte do conteúdo principal, talvez possam ser aproveitados por associação de ideias. Lembre-se ainda de que, qualquer que seja a pesquisa que venha a empreender, a base inicial deverá ser sempre com as informações que já possui sobre o assunto.

CONVERSE COM OUTROS ESPECIALISTAS

Se for necessário, recorra às informações de outros especialistas ou pessoas que possuam algum tipo de conhecimento sobre a matéria.

Converse com outros especialistas.

Pude comprovar, no preparo de milhares de oradores, que, às vezes, uma conversa de uma ou duas horas pode produzir mais material para uma apresentação do que a leitura de livros. E por falar em livros, assim como um orientador de trabalhos acadêmicos contribui para o desenvolvimento da pesquisa, principalmente pelas indicações bibliográficas que faz, também os especialistas poderão auxiliar no preparo de uma apresentação a partir de recomendações de obras que tratem do tema. Uma simples indicação de um bom livro poderá fazer uma diferença extraordinária no resultado final do trabalho. Se você desenvolver um questionário criterioso e souber aproveitar bem a experiência do entrevistado, terá um caminho seguro para dar continuidade à sua pesquisa, além de obter grande parte das informações que utilizará na sua fala.

CONSULTE A INTERNET, A INTRANET, BIBLIOTECAS, LIVRARIAS E ARQUIVOS DE JORNAIS

Depois de levantar dados do próprio conhecimento sobre a matéria e de entrevistar especialistas e outras pessoas que conheçam o assunto, você estará mais bem orientado para estender a pesquisa a outras fontes, como a Internet e a Intranet.

O mundo está em suas mãos. Hoje, com o elevado número de informações disponíveis nas mais diversas redes que podem ser acessadas com o auxílio do computador, você tem condições de pesquisar de maneira ampla qualquer tipo de assunto.

Entretanto, a grande quantidade de informações disponíveis às vezes pode prejudicar a velocidade da pesquisa, pois em alguns casos ficará difícil saber como identificar quais os dados mais apropriados para as suas necessidades entre os milhares localizados pelas redes.

Quanto mais você puder, durante a consulta, especificar as informações que deseja, mais rapidamente conseguirá encontrar aquelas que está procurando.

Atualmente, com o uso disseminado do computador para pesquisa, a maioria das pessoas possui boa experiência nesse tipo de consulta, o que facilita o trabalho e abrevia o tempo de procura. Porém, como as informações disponíveis na Internet não estão sujeitas a nenhum critério de avaliação que possa confirmar sua autenticidade, tome muito cuidado para não aceitar todos os dados que encontrar como sendo verdadeiros. Compare-os com outras fontes e observe se umas não se basearam nas outras, pois o erro pode estar em uma base comum. Se, depois de confrontar as informações, ainda tiver alguma dúvida, aproveite o resultado da pesquisa para iniciar uma nova consulta em uma enciclopédia idônea ou em alguma obra específica sobre o tema e que seja reconhecidamente séria. Seja bastante criterioso, pois, ao transmitir a mensagem diante do público, você estará usando sua reputação para dar autenticidade às informações e assumindo diante de todos que elas são verdadeiras. Por isso nunca negligencie nas pesquisas que empreender. Se não confiar nas informações que encontrar, prefira deixá-las de lado a correr riscos de apresentá-las com falhas ou imperfeições.

Simultaneamente ao uso do computador, ou logo após, você poderá fazer consultas a livros, revistas e outras publicações. É evidente que, dependendo do assunto e das indicações bibliográficas, essa ordem poderá ser alterada. O responsável pela biblioteca ou o gerente da livraria poderão ajudar na busca do que você necessita. Em tempo: a experiência já demonstrou que não devemos aceitar como verdadeira a afirmação de que não possuem nada sobre aquele tema. Convém, já que você está ali, perguntar se poderá "dar uma olhadinha" nas prateleiras ou nos índices organizados.

Os arquivos dos jornais são extraordinária fonte de material, com a vantagem de apresentar comentários críticos de diversos estudiosos sobre quase todos os temas. Embora a maior parte das informações já esteja disponível na Internet, as mais antigas, entretanto, só poderão ser encontradas nos arquivos dos próprios órgãos que as veicularam, como nos arquivos dos jornais, por exemplo. Para consultá-los, é preciso dedicar muito tempo e paciência. Ajudará bastante se você tiver a data ou a época aproximada em que a notícia foi publicada. Os bancos de dados dos jornais possuem, ainda, a maior quantidade de fotografias sobre quase tudo, e elas poderão ser úteis para ilustrar partes da exposição ou servir de exemplo. Há também os bancos de imagens que poderão ser consultados pela Internet, com fotos e ilustrações de praticamente todos os temas.

Se o público for pequeno (umas dez pessoas), você poderá mostrar as próprias fotos. Se a plateia for maior, a alternativa é incluí-las em um programa de computador e projetá-las numa tela, permitindo a todos os presentes uma visão adequada.

CONSULTE FILMES

As videotecas e as videolocadoras possuem materiais sobre os mais variados temas, que poderão servir como ótimas fontes de consulta. Além dos documentários específicos a respeito da matéria que você esteja pesquisando, alguns filmes poderão apresentar trechos que subsidiem o assunto. É uma pesquisa mais difícil, mas sempre vale a pena tentar, até porque você poderá se valer da ajuda de pessoas que assistem às fitas para orientar os clientes e que talvez se recordem das cenas que procura. Uma boa prática é selecionar trechos de filmes que tratem dos temas que costuma abordar nas suas apresentações e agrupá-los em fitas ou CDs separados para facilitar o arquivo e uma posterior consulta. Dependendo da importância e do tamanho da exposição, redobre os cuidados a fim de obter autorização para usar as imagens. Assim você não correrá riscos desnecessários. Lembre-se também de que os trechos de filmes precisam ser muito bem contextualizados a fim de que se tornem adequados ao tema da sua apresentação. Chamo a atenção para esse aspecto porque pode ocorrer de a cena de um filme ser perfeitamente clara para você, mas não para os ouvintes, que precisariam de explicações complementares sobre o significado das imagens para que pudessem compreender o conteúdo da mensagem.

VISITE O LOCAL

Não se restrinja às pesquisas pela Internet, ao que lê em livros, revistas e jornais e ao que ouve das pessoas. Sendo possível, convém visitar o local onde se desenvolve o assunto sobre o qual irá falar. Se for discorrer a respeito da Bolsa de Valores, por exemplo, seria muito interessante ir até um dos pregões e observar pessoalmente o seu funcionamento. Talvez essa experiência pessoal, esse tipo de contato direto com a matéria da sua apresentação, se constitua no mais importante recurso para que possa se sentir confiante e seguro para discorrer sobre o assunto diante da plateia. No momento em que estiver se apresentando, as informações terão consistência, e os ouvintes perceberão que você está realmente familiarizado com o tema e o respeitarão ainda mais.

MONTE UM ARQUIVO

Se você imaginar a possibilidade de ser convidado a falar sobre um tema porque tem algum tipo de contato com ele, deverá iniciar um arquivo com recortes de jornais, revistas e todas as publicações e referências que lhe caírem às mãos. Não é necessário perder tempo com arrumações ou em separar o material, subdividindo-o de maneira pormenorizada; basta guardá-lo em pastas ou caixas com etiqueta (depois de ler os artigos, evidentemente). Quando precisar dos dados, poderá organizá-los. Estou orientando para que você não tenha tal preocupação, porque já conheci pessoas que desistiram da montagem do seu banco de dados alegando excessiva perda de tempo. Além disso, a não ser que o assunto seja muito complexo e repleto de ramificações, essa é uma tarefa que pode ser feita até mesmo no momento de preparar a apresentação.

Embora hoje, com a facilidade proporcionada pelos *sites* de busca, você possa encontrar as informações a qualquer momento, é conveniente montar sua própria pasta com os dados que lhe interessam, já devidamente selecionados e avaliados. Esse cuidado evitará perda de tempo, nem sempre disponível, no momento de montar sua apresentação. A mesma recomendação vale para as histórias interessantes que possam ser usadas como ilustração. Boas histórias não são fáceis de ser encontradas, por isso, quando uma dessas pérolas cair em suas mãos, guarde-a com todo o cuidado.

CONCENTRE-SE NO ASSUNTO

Dirigindo o automóvel, fazendo a barba ou a maquiagem, tomando banho, nas conversas com os amigos, onde quer que esteja e encontre oportunidade, convém pensar e refletir sobre os argumentos e as ilustrações a serem usados na apresentação, se enfrentará resistências do público e qual a melhor tática para refutá-las.

Passe a pensar na apresentação em todo lugar.

Para dar uma ideia do tempo que deverá despender na preparação, a menos que o assunto seja muito conhecido, esse trabalho dificilmente poderá ser benfeito em menos de uma semana, trabalhando de duas a três horas por dia, para uma fala de aproximadamente trinta minutos.

Parece ser muito tempo de preparação para uma apresentação tão curta. É lógico que há situações em que você deverá montar sua apresentação em apenas alguns poucos minutos, mas são circunstâncias quase emergenciais, em que o resultado da exposição praticamente não produz consequência a sua imagem. Entretanto, quando se trata de uma apresentação importante, em que esteja em jogo a sua reputação ou a da organização que representa, o cuidado com a pesquisa detalhada das informações, a seleção dos dados mais relevantes e a montagem mais bem estruturada da exposição consumirão tempo e exigirão bastante dedicação, a não ser, evidentemente, que você já esteja bem familiarizado com o assunto.

SEPARE E RELACIONE AS INFORMAÇÕES

Depois de ter coletado todo o material que puder obter, você precisará separá-lo e agrupá-lo em tópicos da mesma natureza, descobrindo a maneira mais conveniente de fazer as passagens de uma parte para outra, de tal forma que pareçam pertencer a um só assunto.

Confirme a exatidão dos dados, confira os números mais de uma vez, cheque as datas, certifique-se da correta pronúncia dos nomes das pessoas e das cidades que irá citar.

A ordem das informações deve ser iniciada por aquelas que os ouvintes compreendam com mais facilidade, até chegar às que exijam deles maior esforço de concentração. Não se esqueça de ilustrar as mais difíceis com alguma história ou referência que auxilie em seu entendimento.

É nesse instante, também, que você deverá selecionar as melhores estatísticas e exemplos que servirão de argumento para cada um dos tópicos. Só depois de todo esse trabalho de montagem da apresentação é que deverá se preocupar com a necessidade ou não de fazer uso de recursos audiovisuais, e, se concluir que eles deverão ser confeccionados, precisará refletir e selecionar com critério as informações que serão projetadas para facilitar o entendimento do público. Para mais informações sobre o uso correto e as vantagens de cada recurso audiovisual disponível, leia *Recursos audiovisuais nas apresentações de sucesso*, também de minha autoria, publicado pela Editora Saraiva.

RESUMO

COMO PREPARAR UMA BOA APRESENTAÇÃO

O preparo de uma boa apresentação compreende duas fases distintas:

1ª — levantar todos os dados que cercam o evento;

2ª — iniciar a elaboração do discurso.

O roteiro de um bom planejamento inicial inclui informações apropriadas para as circunstâncias, de acordo com:

— o assunto;

— os objetivos;

— público que irá participar.

Ao selecionar o assunto, você pode:

— escolher um tema novo ou dar uma nova roupagem a um antigo;

— escolher um assunto em que tenha interesse e autoridade;

— escolher um assunto pertinente à circunstância;

— escolher um tema com tempo para pesquisar e fazer a apresentação;

— escolher ângulos do assunto de que o auditório ainda não tenha ouvido falar.

Ao ter em mente o que de fato deseja obter numa apresentação, você deve analisar e definir seus objetivos, que podem aparecer separadamente, ao mesmo tempo ou, ainda, de forma alternada. Alguns deles são:

— informar;

— persuadir e motivar;
— entreter;
— promover-se.

Considerando que, numa apresentação, tudo deverá estar de acordo com o auditório, você tem que levar em conta:

— a forma como as pessoas ouvem;
— os motivos que as levaram à apresentação;
— quanto já sabem sobre o assunto;
— quanto elas gostariam de saber e quanto você deseja informar;
— suas motivações de vida;
— seu espírito de participação;
— suas características próprias:
  • sexo;
  • idade;
  • nível sociocultural;
  • diversidade racial.

Ao concluir sua pesquisa, os cuidados com o local e as circunstâncias são bastante importantes. Por isso você deverá levar em consideração e se informar sobre:

— o tamanho do auditório;
— o local onde será realizada a apresentação;
— os recursos disponíveis;
— o apoio da apresentação;
— o que ocorreu antes da sua apresentação;
— as últimas providências a serem tomadas.

2ª parte

AS PARTES DE UMA APRESENTAÇÃO

CONSIDERAÇÕES GERAIS

Depois de ter escolhido de forma correta o assunto, determinado com critério os objetivos, feito um estudo atento das características predominantes dos ouvintes e decidido sobre as informações mais adequadas, você estará pronto para ordenar as diversas partes de uma apresentação.

Uma fala bem estruturada facilita o desenvolvimento do raciocínio e a compreensão dos ouvintes.

Se eu tivesse que orientar com rapidez sobre como fazer uma apresentação, daria as seguintes sugestões:

— cumprimente os ouvintes;

— conquiste-os;

— informe sobre o que vai falar;

— faça um retrospecto ou levante um problema relacionado com o tema;

— indique quais as partes que pretende cumprir no desenvolvimento do assunto;

— apresente o assunto com argumentos e de forma concatenada;

— refute possíveis objeções;

— recapitule em uma ou duas frases o que acabou de falar;

— encerre com informações consistentes que possam levar à reflexão ou à ação.

Uma apresentação possui quatro partes principais:

1. Introdução	2. Preparação	3. Assunto central	4.Conclusão

O aprendizado e a correta compreensão dessas partes são úteis no desenvolvimento de todas as apresentações. Elas servem para entabular uma conversa, fazer uma palestra, expor um produto, ministrar uma aula, proferir uma conferência, preparar um projeto acadêmico ou profissional, elaborar um relatório, redigir uma matéria jornalística, escrever um livro, enfim, auxiliam em qualquer tipo de comunicação, seja ela falada, seja escrita. É um conhecimento que pode ser aproveitado no exercício das atividades tanto pessoais como profissionais.

Se você não souber organizar a sua fala, não colocar cada uma das informações nas partes apropriadas, poderá até transmitir bem a sua mensagem, mas será por acaso, pois, sem seguir essa ordenação, você talvez se conduza mal. É provável que inicie com dados que sejam mais pertinentes ao assunto central ou à preparação e, no momento de encerrar, por não ter o discurso bem orientado, talvez volte a falar sobre itens já desenvolvidos, perdendo a melhor oportunidade para concluir.

LIBERDADE PARA MUDAR AS REGRAS

As orientações sugeridas para ordenar as diversas partes de uma apresentação devem ser seguidas na maioria dos casos (talvez em mais de 95% das circunstâncias). Entretanto, você deverá ter liberdade para criar e decidir sobre mudanças na ordem dessas partes sempre que julgar conveniente.

Se você achar que um item recomendado para a preparação é mais apropriado para o início, deverá proceder à troca, desde que tenha consciência de que ela ajudará sua exposição e facilitará o entendimento dos ouvintes. Se alterar por alterar, sem saber bem por que está providenciando a mudança na ordem dos itens nas partes indicadas pelas regras, provavelmente estará errando.

Considere também seu estilo para fazer apresentações. Se concluir, dentro dos conceitos recomendados, que determinada ordem de exposição estará mais de acordo com suas características, promova mudanças até que se sinta à vontade para desenvolver o tema.

Nessa circunstância, ainda deverá ser observado se a maneira apropriada de falar (para você) estará também auxiliando a compreensão dos ouvintes e possibilitando a conquista dos objetivos da mensagem.

O estilo pessoal deverá ser levado em conta para que as apresentações preservem a sua naturalidade e não o prendam dentro do rigor técnico, o que tornaria seu estilo artificial e ineficiente.

Assim, desde que os objetivos técnicos sejam respeitados, sinta-se livre para atuar.

ESQUEMA DE UMA APRESENTAÇÃO

INTRODUÇÃO	**Vocativo** **Exórdio**
PREPARAÇÃO	**Proposição** **Narração** **Divisão**
ASSUNTO CENTRAL	**Confirmação** **Refutação**
CONCLUSÃO	**Recapitulação** **Epílogo**

1 INTRODUÇÃO

LOCALIZAÇÃO	
ESQUEMA DE UMA APRESENTAÇÃO	
INTRODUÇÃO	Vocativo Exórdio
PREPARAÇÃO	Proposição Narração Divisão
ASSUNTO CENTRAL	Confirmação Refutação
CONCLUSÃO	Recapitulação Epílogo

Tecnicamente não existe separação entre **vocativo** e **exórdio**: o primeiro faz parte do segundo. A divisão é feita apenas com objetivo didático, para facilitar a orientação e o aprendizado. Também o exórdio, por sua vez, está sendo identificado como um elemento da introdução, quando, na verdade, ele é a própria introdução da fala. Julguei conveniente fazer esse comentário porque você poderá encontrar o termo *exórdio* em vários livros, em especial nos mais antigos. Assim, quando isso ocorrer, saberá que se trata do mesmo assunto: *exórdio* e *introdução da fala* são a mesma parte da apresentação. A partir deste ponto, sempre que me referir ao início da fala, eu a chamarei de introdução.

No estudo da introdução, serão considerados os seguintes itens:

— conceito;
— objetivos;
— características da introdução;
— vocativo;
— a introdução mais comum — aludir à ocasião;
— a introdução em circunstâncias mais complexas;
— os recursos para todas as circunstâncias;
— as introduções que devem ser evitadas.

CONCEITO

A introdução é a parte do discurso em que você se dedicará a conquistar os ouvintes que recebem a mensagem que irá transmitir.

Deduz-se por esse conceito que, se os ouvintes já estiverem motivados e receptivos às informações, a introdução poderá ser suprimida. Portanto, a circunstância, com os acontecimentos que a envolvem, pode ser suficiente para motivar e interessar os ouvintes, mas, se isso não ocorrer, caberá a você conquistá-los.

OBJETIVOS

É na introdução, no início da fala, que você deverá reunir esforços na tarefa de conquistar a atenção do público, romper ou pôr fim à sua resistência e cativar a sua disposição favorável.

São três, portanto, os objetivos da introdução da fala:

1. conquistar a atenção;
2. romper a resistência;
3. cativar a disposição favorável.

Ao iniciar a fala, empenhe-se em atingir objetivos que ainda não foram conquistados. Por exemplo, se a plateia, por conhecer a importância do assunto, estiver atenta, mas, ao mesmo tempo, apresentar resistência por sentir que os seus interesses serão contrariados, a sua tarefa deverá se concentrar na conquista da docilidade dos ouvintes, isto é, "despoliciá-los", para que baixem a guarda e se deixem guiar pelo raciocínio que você apresentar.

Escolha o tipo de início de acordo com o público e as circunstâncias que cercam a apresentação. A análise das características do auditório será sempre fundamental para indicar a introdução mais adequada e, portanto, mais eficiente para conseguir a atenção, docilidade e benevolência dos ouvintes.

CARACTERÍSTICAS DA INTRODUÇÃO

São características da introdução a duração e a relação com o assunto.

DURAÇÃO

A introdução deve ser curta e consumir pouco tempo do discurso. Embora não seja possível estabelecer uma medida única como regra para determinar o tempo a ser usado, dentro de uma diretriz geral, pode-se sugerir que o início seja de aproximadamente 10% do total de uma apresentação longa, ou aproximadamente quinze minutos. Para as falas mais curtas, de até dez minutos, a introdução poderá alcançar cerca de 20% do tempo total (aproximadamente 2 minutos).

Tempo de apresentação	Tempo da introdução
Acima de 15 minutos	10% do total
Até 10 minutos	20% do total

É importante lembrar sempre que essa medida de tempo serve apenas como orientação de ordem geral e que deverá ser adaptada às circunstâncias. Se você tiver de enfrentar, por exemplo, um auditório resistente ou de comportamento hostil, é natural que a introdução se prolongue no trabalho de conquista do público, até que os sinais de resistência ou de hostilidade comecem a desaparecer. Numa circunstância com esse grau de dificuldade, não seria incomum se a introdução da fala consumisse cerca de metade da apresentação. Por outro lado, se os ouvintes estiverem motivados e receptivos para a mensagem, o tempo a ser gasto poderá ser próximo de zero.

RELAÇÃO COM O ASSUNTO

Todas as informações que forem colocadas na introdução da fala precisam estar sempre relacionadas com o corpo do discurso e a conclusão.

Embora o objetivo principal da introdução seja conquistar o público, a mensagem que ela encerra precisará favorecer o desenvolvimento do tema a ser tratado. De nada adiantaria a você iniciar sua fala contando uma piada muito engraçada, que provocasse o riso do auditório, se ela não tivesse nenhuma relação com o conteúdo, pois, após esse momento de "alegria", é provável que dissesse aos ouvintes: "Muito bem, agora que já nos divertimos, vamos mudar um pouco o assunto e ver o que de fato nos interessa". Todos teriam perdido tempo sem que esse tipo de início beneficiasse de forma direta a apresentação.

VOCATIVO

O vocativo é o cumprimento ao público, uma forma educada de você se dirigir a ele chamando a atenção para sua presença ali na frente das pessoas.

Deverá ser adequado à circunstância em que você se apresenta, principalmente quanto ao grau de formalidade. Diante de ouvintes estranhos ou com posições hierárquicas importantes, os cumprimentos devem ser mais formais e cerimoniosos; já as plateias constituídas de pessoas conhecidas ou do seu relacionamento social ou profissional permitem vocativos mais informais.

O vocativo "Senhoras e senhores" resolve a maioria das situações, pois é respeitoso para qualquer tipo de público, evita a quebra do ritmo e não cansa o auditório com os intermináveis cumprimentos.

Já para um grupo de subordinados ou colegas da mesma empresa, com quem você se relaciona há muitos anos, dificilmente seria indicado um cumprimento que se aproximasse da formalidade; mais apropriado poderia ser, por exemplo: "Olá, pessoal!" ou "Bom dia a todos!".

Existindo uma mesa composta por pessoas que dirigem a reunião ou a solenidade, cumprimente-as e, em seguida, os demais ouvintes. Os cumprimentos devem seguir uma ordem decrescente de importância, por isso o cuidado de confirmar o nome correto dos que serão mencionados, a função de cada um e a ordem hierárquica precisa estar sempre entre as suas preocupações. Se a mesa for numerosa e não existir um protocolo rigoroso que obrigue o cumprimento a todos os seus componentes, você poderá utilizar alguns recursos que sempre são úteis nessas circunstâncias. Veja dois dos mais eficientes:

— Cumprimentar todas as pessoas da mesa ao mesmo tempo:

"Autoridades que compõem a mesa de honra, senhoras e senhores...";

"Componentes da mesa que dirige esta reunião, senhoras e senhores...".

— Eleger uma pessoa representativa da mesa ou o presidente da reunião, saudá-lo e estender o cumprimento aos demais componentes:

"Excelentíssimo Senhor Governador Roberto Andrade da Silva, muito boa noite, e, ao cumprimentá-lo, estendo meus cumprimentos a todos os demais componentes da mesa. Senhoras, senhores...".

Há ocasiões, entretanto, em que as pessoas se reúnem sem a mínima preocupação com o tipo de mensagem a ser transmitida; o único objetivo da maioria é estar naquele ambiente devido ao interesse pessoal, e importa muito ouvir o seu nome ser pronunciado diante da plateia.

Independentemente do esforço que você deva fazer para conquistar o auditório e envolvê-lo com sua mensagem, essa aspiração do público não poderá ser desprezada e, em uma circunstância dessa natureza, você deverá cumprimentar e fazer referência a todos os ouvintes de destaque naquele ambiente.

O vocativo deve ser uma espécie de abraço que você dará no auditório, mais ou menos o mesmo comportamento caloroso que tem quando cumprimenta um amigo. Lembre-se de que ele faz parte da introdução, cujo objetivo é conquistar a plateia, e a maneira como você a saúda poderá ter influência decisiva na aceitação da mensagem.

Quando um aluno do nosso Curso de Expressão Verbal, ao fazer o seu exercício na tribuna, inicia a apresentação cumprimentando o público de forma mecânica, pedimos que ele reinicie uma ou mais vezes até que o contato inicial seja mais espontâneo e envolvente.

Quando o discurso é lido, percebe-se que alguns oradores, mesmo sabendo bem o nome das pessoas que irão cumprimentar, recorrem ao que está escrito como se não as conhecessem. Verifique se esse fato acontece nas suas apresentações e só leia os nomes se tiver dúvida ou não souber quem são.

Nas cerimônias oficiais, onde a precedência deve ser cumprida rigorosamente, siga a ordem estabelecida pelas recomendações oficiais.

A INTRODUÇÃO MAIS COMUM — ALUDIR À OCASIÃO

A maior parte das apresentações, em especial as profissionais ou de características técnicas, pode ser introduzida com uma mensagem que faça alusão à circunstância. Trata-se de um rápido comentário sobre a presença dos ouvintes no ambiente e uma breve referência ao tema que será abordado. Esse tipo de recurso para introduzir o assunto utiliza as propriedades da proposição da fala, um item da preparação que indica qual a mensagem a ser desenvolvida, que será estudado mais adiante.

Exemplo

O presidente de uma bolsa de mercadorias, no discurso que fez aos empresários, introduziu o assunto aludindo à ocasião:

"Raros são os momentos da vida de nossa nação em que um universo tão representativo une-se para defender plataformas comuns. Mais de mil empresários, partindo dos mais remotos recantos deste País, representando a indústria, o comércio, a agricultura, o setor financeiro e os serviços em geral, encontram-se aqui para transmitir uma mensagem simples e direta: queremos a modernização, já".

Esse tipo de introdução é possível quando se pressupõe que os ouvintes não apresentam resistência ao assunto a ser tratado e se interessam pela exposição, por estar ligada às suas atividades. É evidente que, ao mencionar os objetivos da apresentação, você poderá indicar que eles se identificam com as aspirações do público e, ao mesmo tempo, utilizar um recurso para conquistar sua atenção. Assim, ela é conseguida com tanta naturalidade que será possível entender como objetivo maior situar a presença das pessoas no ambiente.

Orientação geral	
Tipo de introdução	— aludir à ocasião
Característica do público	— amistoso ou receptivo
Objetivo	— situar a presença dos ouvintes no ambiente

A INTRODUÇÃO EM CIRCUNSTÂNCIAS MAIS COMPLEXAS

Nem sempre os ouvintes serão amistosos ou receptivos. Haverá circunstâncias em que você necessitará elaborar a introdução para mudar um posicionamento resistente da plateia ou envolvê-la em seus propósitos. Embora os tipos de introdução que serão estudados sejam indicados para circunstâncias mais complexas, eles podem ser úteis em qualquer outra ocasião, mesmo diante de auditórios mais receptivos.

Os tipos de público encontrados em circunstâncias mais complexas são:

— o indiferente (o mais difícil);

— o hostil.

O PÚBLICO INDIFERENTE (O MAIS DIFÍCIL)

É um engano supor que o pior auditório a ser enfrentado é aquele que se manifesta com hostilidade. Embora o público hostil seja difícil de conquistar, o certo é que, de forma geral, os ouvintes indiferentes exigem, por parte do orador, maiores cuidados e esforço redobrado.

Algumas pessoas, por ingenuidade, afirmam que, para conquistar um auditório indiferente ou apático e tê-lo à sua disposição, basta ficar em silêncio diante da plateia. Dizem esses incautos que, ao perceberem a presença silenciosa do orador, os ouvintes naturalmente vão lhe dar atenção. O que pode ocorrer é o contrário, pois, não estando envolvidos com o assunto nem com o orador, talvez fiquem até satisfeitos, porque, já que ele se plantou ali na frente e não fala nada, podem continuar conversando entre si sobre outros temas mais interessantes para eles.

Não tenha ilusões, o público indiferente ou apático, para se concentrar em uma apresentação, precisa receber uma chacoalhada, ser estimulado com energia e dessa maneira sentir que algo interessante acontecerá ali.

— frase ou informação que provoque impacto;
— fato bem-humorado;
— história ou narrativa interessante;
— levantamento de uma reflexão;
— apresentação da utilidade, das vantagens e dos benefícios do assunto.

Frase ou informação que provoque impacto

Provocar impacto utilizando uma informação bombástica pode ser um ótimo recurso para despertar o interesse do auditório indiferente. A frase deve ser preparada como se você tivesse que colocar uma manchete na capa de um jornal sensacionalista. O fato, embora possa ser exagerado, nunca deve ser falso ou mentiroso, se não por um princípio de conduta ética, pelo menos por sensatez ou sinal de inteligência, pois a plateia, ao perceber que a afirmação que lhe provocou impacto não corresponde à verdade, deixaria de acreditar em toda a mensagem.

Exemplo

Vejamos como José Sarney, quando era presidente do Brasil, ao anunciar, em cadeia nacional de rádio e televisão, a suspensão do pagamento dos juros da dívida brasileira por prazo indeterminado, iniciou a sua fala com uma informação bombástica para provocar impacto nos ouvintes.

"Brasileiros e brasileiras, boa noite.*

* Interessante o recurso utilizado no vocativo pelo presidente José Sarney. É evidente que se ele dissesse apenas "brasileiros", as "brasileiras" também já estariam naturalmente inclusas, mas o fato de mencioná-las de forma expressa indicava que as mulheres eram importantes no seu governo e demonstrava de maneira clara essa intenção ao destacá-las nos seus cumprimentos ao iniciar seus discursos.

É com uma grande emoção que eu falo à nação para dizer que, depois de ouvir o Conselho de Segurança Nacional, que é composto por todos os ministros de Estado, o presidente do Supremo Tribunal Federal, os presidentes da Câmara e do Senado, os chefes do Estado-Maior das Forças Armadas; que depois de ouvir o Conselho de Segurança por mim convocado, tomei uma decisão de grave importância para a história do Brasil contemporâneo. Quero anunciar que o País suspende o pagamento dos juros de sua dívida externa."*

Fato bem-humorado

Mais à frente você verá que uma das formas desaconselháveis para introduzir apresentações é começar contando piadas. Entretanto, existe uma espécie de "parente próximo" da piada que pode se constituir num bom recurso para a conquista do público e é recomendado para tentar envolver até uma plateia indiferente: o fato bem-humorado.

O fato bem-humorado é distinto da piada. Quando alguém conta uma piada, assume quase uma obrigação de provocar o riso dos ouvintes, e até chega a fazer uma pausa ao seu final esperando que ele ocorra. Com o fato bem-humorado, não. Trata-se de uma informação que se exagera e se transmite à plateia com ajuda da presença de espírito. Ele deve nascer da própria circunstância do ambiente ou da mensagem que você está comunicando. Diferentemente do que ocorre com a piada, por nascer da emoção do momento, de uma circunstância atual vivida e presenciada pelo público, não existe o compromisso ou a responsabilidade de provocar o riso dos ouvintes. Se ele ocorrer, excelente, as pessoas terão dado um claro sinal de já estarem envolvidas com a comunicação. Se a plateia não reagir de maneira positiva, não haverá nenhum tipo de prejuízo, pois, não tendo a obrigação de provocar o riso, você poderá prosseguir falando naturalmente como se nada tivesse acontecido.

* *O Estado de S. Paulo.* Caderno de Economia, 21 fev. 1987, p. 21.

Quando abordei os cuidados que você deverá ter com os detalhes do local onde a apresentação será realizada, comentei o fato ocorrido com a Rainha Elizabeth II, da Inglaterra, que, ao visitar os Estados Unidos, se utilizou de uma tribuna preparada para o presidente George Bush, muito mais alto do que ela. Você se recorda que, ao discursar nessa tribuna mais alta, a Rainha quase desapareceu, ficando visível apenas parte do seu semblante e o chapéu listrado que estava usando na ocasião. Pois bem, esse fato foi muito comentado por toda a imprensa dos Estados Unidos e da Inglaterra e era uma informação presente na cabeça da maioria das pessoas. Na mesma semana a Rainha se apresentou, outra vez, falando no Congresso americano. Ao iniciar, aproveitou-se daquela informação que passara a ser comentário geral, exagerando o acontecimento e transformando-o num fato bem-humorado: "Espero que hoje os senhores possam me ver".

História ou narrativa interessante

A narrativa benfeita de um fato ou de uma história desperta naturalmente a curiosidade das pessoas, que passam a ficar interessadas em conhecer o final do que começaram a ouvir. Depois de alcançado esse primeiro objetivo de despertar o interesse e a curiosidade, você deverá fazer a relação da narrativa com o assunto que pretende desenvolver. Nesse momento, o público, já interessado no que começou a escutar, continuará acompanhando com naturalidade o tema que você pretende expor.

Tome cuidado, entretanto, para escolher uma história que, além de ser interessante, seja apropriada ao tema da sua apresentação. Contar uma história só por contar, sem que ela se relacione de alguma maneira com o assunto, poderá frustrar os ouvintes, que talvez se tornem resistentes ao assunto. Evite também histórias muito conhecidas que são contadas a todo momento por consultores e palestrantes, pois elas poderão tirar a força da sua exposição e desinteressar a plateia.

Exemplo

Na inauguração da Catedral de São Paulo, o Monsenhor Castro Nery valeu-se de recursos históricos para iniciar sua fala:

> "A capela, a matriz, a Sé, a Catedral: eis os cabeços de montanha que a cidade titanesca atingiu em quatrocentos anos de escalada aos céus. Marco zero dos seus empreendimentos, releva notar que a capela antecedeu a própria cidade, como se a residência de Deus devesse primar sobre a moradia do homem. A exemplo da cidade consagrada ao deus de Aton, no Egito Antigo, por Amenophis IV, que primeiro construiu o templo e escavou a necrópole, antes mesmo de erigir o palácio do rei e as mansões dos áulicos; como Lao Yang, capital da China remota, à volta de 1038 a.C., que se iniciou como um duplo santuário, o da luz e o da escuridão; como a própria Atenas, segundo o refere Tucídides, que nasceu como templo, em meio ao descampado, e de longe em longe atingido pelos aldeões espalhados na concavidade dos vales helenos: assim também a cidade de São Paulo, que se haveria de tornar tão celebrada na história, não teve por pedra fundamental da sua fundação nem o rancho do tropeiro, nem a barraca do minerador, nem o paço do governador civil, senão a humilde capelinha, entre maloca de índio e casa de civilizado, construída pelas mãos brancas do missionário de Jesus.*"

Levantamento de uma reflexão

Levantar uma reflexão que excite a curiosidade sobre um assunto importante e se relacione de alguma forma com os ouvintes pode obrigá-los a pensar. Enquanto procuram uma resposta para o que foi colocado, você poderá iniciar o desenvolvimento do raciocínio sobre o tema, e as pessoas poderão se envolver com o assunto e acompanhar com interesse toda a sequência da apresentação.

* Mons. Castro Nery, *Oração gratulatória na inauguração da Catedral de São Paulo*, 1954, p. 3.

No seu famoso discurso proferido no Senado Romano, Cícero levantou reflexões indiretas, como se estivesse fazendo perguntas a Catilina, quando, na verdade, estava instigando os ouvintes para que refletissem sobre as questões que pretendia desenvolver:

> "Até quando, Catilina, abusarás de nossa paciência? Quanto tempo haverá de zombar de nós este teu furor? Quando chegará ao fim esta tua desenfreada audácia? Como?! Nem a guarda noturna do Monte Palatino, nem as forças espalhadas por toda a cidade, nem a consternação do povo, nem a afluência de todos os homens de bem, nem o lugar fortificado escolhido para esta Assembleia, nem os olhares indignados de todos os senadores, nada pode dissuadir-te? Não vês que teus planos foram descobertos, que tua conspiração está rodeada de testemunhas por todas as partes? A ti te parece que há aqui alguém que não saiba o que fizeste esta noite, e na noite anterior, onde estiveste e quem convocaste e o que resolveste?."*

Apresentação da utilidade, das vantagens e dos benefícios do assunto

Se o público não perceber de forma clara as vantagens que terá assistindo a uma apresentação, dificilmente se sentirá motivado a acompanhar as palavras que você lhe dirige. De nada adiantará pedir aos ouvintes um minutinho de atenção se eles não forem informados a respeito dos seus benefícios, pois é provável que só fiquem interessados por um minutinho mesmo, depois se desligarão da mensagem para voltar aos próprios pensamentos.

Quando o ouvinte é informado e passa a ter esperança de que receberá benefícios com a mensagem, torna-se curioso sobre o que poderá ouvir ou irá acontecer naquele

* Los Titanes de la Oratoria. *Los más célebres discursos.* Ediciones Anaconda. Buenos Aires, Argentina, 1944 (sem nome do autor).

ambiente, fica atento e concentra-se na exposição que você estiver fazendo.

Assim, o auditório deixa de ser indiferente, apático ou alheio e presta atenção quando pressente a possibilidade de aumentar seu prestígio social, suas perspectivas profissionais; ver confirmados alguns princípios filosóficos em que acredita; abastecer-se de conhecimentos; proporcionar a si próprio e aos seus melhor qualidade de vida; adquirir experiência; pôr em prática algum projeto pessoal; ganhar dinheiro; obter qualquer tipo de lucro ou vantagens materiais.

Exemplo

Durante visita à cidade de Barretos, no interior do Estado de São Paulo, o presidente Getúlio Vargas iniciou seu discurso mostrando os benefícios que a sua mensagem representaria para o público:

> "A minha presença nesta cidade da indústria frigorífica, grande entreposto do comércio de gado, era imposição tanto do vosso valor eleitoral como do ramo de atividade a que vos dedicais. Precisara visitar-vos para dizer que, por natural perda e dada a importância da pecuária na economia nacional, compreendo as vossas dificuldades, e, se for de novo governo, farei o melhor possível para animar a indústria pastoril, ora sofrendo o reflexo geral da crise que atravessamos".*

O recurso de expor os benefícios da mensagem não serve apenas para conquistar ouvintes indiferentes; ele pode também ser utilizado em qualquer outra circunstância.

Mesmo que o público demonstre algum tipo de interesse pelo assunto, ao perceber, com mais clareza, pelo que você diz, as vantagens que conquistará com a apresentação, poderá ficar mais atento ainda, redobrando sua concentração.

* Getúlio Vargas, *A campanha presidencial*, José Olympio Editora, 1951, p. 431.

Orientação geral	
Tipo de introdução	— frase ou informação que provoque impacto, fato bem-humorado, história ou narrativa interessante, levantar uma reflexão, apresentar a utilidade, as vantagens e os benefícios do assunto.
Característica do público	— indiferente.
Objetivo	— conquistar o interesse e a atenção.

O PÚBLICO HOSTIL

Conforme já foi mencionado, o público será hostil quando se sentir prejudicado de alguma forma. Você observou, também, que é possível identificar três tipos mais comuns de hostilidade: com relação ao tema, ao orador e ao ambiente.

É sabido que um tipo de hostilidade em geral provoca outro. Assim, um ouvinte que se sinta prejudicado por um tema ou pelo ambiente poderá transferir sua hostilidade para o orador. Se o motivo do seu desagrado for o tema ou o ambiente, você deverá descobri-lo para identificar e combater a causa original.

Outro ponto importante a ser esclarecido é que o fato de o público ser hostil não significa obrigatoriamente que ele seja agressivo. Ser hostil, dentro do conceito que será analisado, pode significar apenas o comportamento dos ouvintes que discordam, são contra ou apresentam algum tipo de resistência.

Enfim, os três tipos mais comuns de hostilidade do público são:

— com relação ao tema;

— com relação ao orador;

— com relação ao ambiente.

Hostilidade com relação ao tema

Quando o assunto a ser apresentado contrariar os interesses dos ouvintes ou de pelo menos uma parcela deles, caberá a você abordá-lo de maneira a derrubar as barreiras que os separam e minar a resistência existente.

Se você tiver antecipadamente a informação de que o tema a ser apresentado contraria os interesses dos ouvintes, deverá se concentrar na elaboração de um campo de neutralidade pelo qual poderá prosseguir sem provocar a reação defensiva do público. Para executar essa tarefa, você deverá fazer o levantamento de todas as posições defendidas pela plateia e descobrir com quais poderá concordar sem prejuízo dos seus objetivos. Essas informações estabelecerão uma identidade de pensamento entre você, orador, e o auditório, e este passará a deduzir que as ideias defendidas são as mesmas. Com esse sentimento despertado, os ouvintes baixarão a guarda, imaginando que a forma como o assunto será conduzido não os prejudicará e ficarão predispostos a acompanhar o desenvolvimento do raciocínio.

Isso não significa, entretanto, que o uso desse recurso se transformará sempre em uma arma imbatível para convencer o auditório e fazê-lo mudar a posição e a forma de pensar, pois, para que possa atingir esse objetivo, você dependerá de outros fatores, como linha de argumentação, provas, emoção etc. É, todavia, uma conduta que, pelo menos, levará o público a ouvir e acompanhar o que você tem a transmitir, pois em geral, quando uma plateia não concorda com as ideias do orador e estabelece esse confronto desde o início, ela nem ouve a mensagem, fecha-se na sua posição e, numa atitude emocional, rejeita qualquer argumento contrário.

Por mais que a sua opinião e a da plateia sejam diferentes e antagônicas, você sempre poderá encontrar pontos comuns de pensamento e, com um pouco de reflexão, será possível, por mais adversa que possa ser a circunstância, planejar e construir esse campo de neutralidade que o auxiliará a estabelecer a identidade com os ouvintes.

Exemplo

Vejamos como o presidente George Bush procurou afastar a hostilidade com relação ao tema.

Ao participar da Rio-92, encontrou forte resistência por parte dos outros países presentes na conferência, pelo fato de os Estados Unidos não concordarem com algumas propostas apresentadas para a preservação do meio ambiente. Observe como ele procurou mencionar, logo no início, informações com as quais todos concordavam, no intuito de quebrar as resistências à sua posição.

> "Esta é realmente uma reunião histórica. Os chineses têm um provérbio: 'Se o homem engana a terra, a terra enganará o homem'.
>
> A ideia de sustentar o planeta de modo que ele nos possa sustentar é tão antiga quanto a própria vida. Devemos deixar esta terra em melhores condições do que a encontramos.
>
> Hoje esta antiga verdade precisa ser aplicada a novas ameaças que defrontam os recursos que nos sustentam a todos — a atmosfera e o oceano, a estratosfera e a biosfera. Nossa aldeia é verdadeiramente global."*

Independentemente da posição defendida pelo ouvinte, seria difícil que ele discordasse da mensagem do presidente americano, que, ao estabelecer uma identidade de pensamento com a plateia, encontrou uma forma eficiente de fazer com que as pessoas deixassem de se policiar e pudessem ouvi-lo sem resistências.

Orientação geral	
Tipo de introdução	— construir um campo de neutralidade.
Característica do público	— hostil com relação ao tema.
Objetivo	— tornar o público dócil e receptivo ao assunto.

* Trechos extraídos de *O Estado de S. Paulo*, 13 jun. 1992.

Hostilidade com relação ao orador

Entre todos os motivos pelos quais os ouvintes podem colocar resistências a você como orador, os mais importantes são:

— ter falta de credibilidade;

— ter pouca idade ou ser inexperiente;

— ser desconhecido;

— ser invejado ou despertar rivalidade.

Ter falta de credibilidade

Faltará credibilidade a você quando a sua competência com relação ao assunto não for conhecida pelos ouvintes. Observe que não se trata de falta de autoridade ou de experiência sobre a matéria, e, sim, de desconhecimento por parte do público de que ela existe.

Quando sentir que a plateia poderá levantar resistências à sua apresentação por não conhecer sua autoridade no assunto, caberá a você demonstrar, de forma sutil, que possui essa experiência. A sutileza é fundamental para evitar a demonstração de um comportamento arrogante ou prepotente, que poderia provocar a antipatia do auditório.

Neste exemplo, Eva Perón demonstra que, como mulher, argentina e companheira de Perón, possuía autoridade para dirigir a palavra ao povo argentino:

> "Momentos felizes da minha vida são estes em que posso falar aos meus descamisadinhos e dizer-lhes que a Pátria, esta Pátria que o general Perón está tornando grande e poderosa, não os esquece nem por um instante, mesmo quando vivem nos rincões mais distantes. Como mulher, como argentina, como companheira do nosso general Perón que almeja e trabalha fervorosamente pela felicidade de todos e muito particularmente dos deserdados, sinto verdadeira emoção em anunciar que amanhã passarão a funcionar, em todo o país, mais

de quatro mil refeitórios escolares instalados nas escolinhas do interior, para que as crianças que a elas se dirijam para aprender as primeiras letras recebam uma abundante alimentação cientificamente preparada".*

Orientação geral	
Tipo de introdução	— demonstração sutil de autoridade.
Característica do público	— hostil com relação ao orador por falta de credibilidade.
Objetivo	— tornar o público dócil e receptivo ao orador por conhecer sua autoridade.

Ter pouca idade ou ser inexperiente

A pouca idade pode provocar hostilidade.

Se você for muito jovem ou ainda não tiver a experiência que os ouvintes esperam de um orador para tratar do assunto, a plateia poderá se tornar resistente em aceitá-lo.

Cada vez mais os jovens ocupam posições de destaque e de comando em diferentes atividades. Alguns, alunos excepcionais nas melhores escolas do país e do mundo, são recrutados ainda nos primeiros anos de estudo pelas empresas que acreditam e apostam no aproveitamento do seu potencial.

* Eva Perón, *Discursos completos*, Tomo 1, Editorial Megafón, 1985, p. 206.

Mesmo com esse preparo e com a importância dos cargos que assumem, esses jovens, ao se defrontarem com pessoas mais velhas e experientes que pertençam a sua organização ou se relacionem com ela, podem encontrar barreiras na comunicação das ideias que defendem, por causa da pouca idade e da ausência de um passado profissional.

Quando você enfrenta esse tipo de resistência, para afastá-la, deverá demonstrar que as informações transmitidas não são apenas fruto do seu conhecimento: revelará, assim, que também se utiliza da experiência de autoridades na matéria, estando, portanto, preparado para falar sobre o tema. Se precisar recorrer a essa técnica, cuide para citar uma autoridade no assunto que seja efetivamente respeitada pelos ouvintes. Pode ocorrer de uma pessoa com vastíssimo conhecimento sobre a matéria ser conhecida por você, mas não pela plateia. Nesse caso, por maior que seja a autoridade da pessoa citada, ela em nada contribuirá para melhorar sua credibilidade junto ao público.

Fazer uma citação

Ao citar uma frase, um pensamento, um estudo ou uma conclusão de uma autoridade no assunto abordado e que seja respeitada pelos ouvintes, haverá boas chances de que a credibilidade desse autor seja transferida para sua apresentação. Como a citação tem o objetivo maior de aproveitar o prestígio do autor, sempre que possível, deverão ser evitadas referências a pessoas polêmicas ou controvertidas, pois, se o público não gostar ou fizer restrições a elas, também poderá transferir essa rejeição para quem lhes transmite a mensagem.

Esse recurso é tão eficiente na introdução que Afonso Arinos de Melo Franco, mesmo não sendo jovem e possuindo já experiência comprovada, iniciou seu discurso sobre o tema Democracia e Partidos utilizando uma citação para reforçar ainda mais a credibilidade da sua mensagem:

> "Diz Hans Kelsen, e diz com muito acerto, que a prática da democracia moderna está ligada ao funcionamento pelo menos satisfatório dos partidos políticos. O preconceito contra eles não é, como a muitos se afigura, uma forma de convicção democrática, mas,

bem ao contrário, uma tomada de posição francamente antidemocrática, pois, nos termos atuais, não pode haver democracia sem partidos".*

Orientação geral	
Tipo de introdução	— fazer uma citação.
Característica do público	— hostil com relação ao orador por causa da sua pouca idade ou inexperiência.
Objetivo	— transferir credibilidade do autor para o orador.

Ser desconhecido

Quando for desconhecido do público, é normal que as pessoas apresentem barreiras para aceitá-lo. Afinal, quem é você? Que tipo de autoridade possui para falar? O que está pretendendo?

Para romper com a resistência da plateia que o vê como um desconhecido, você precisará encontrar pontos de identificação com ela. O recurso mais simples e eficiente é fazer o aproveitamento de circunstâncias, porque elas rapidamente o aproximam dos ouvintes.

As principais são:

— circunstância de pessoa;

— circunstância de tempo;

— circunstância de lugar.

Circunstância de pessoa

Como orador desconhecido do público, você deverá observar se na plateia existe alguém que conheça e que possua algum tipo de representatividade junto àquele grupo.

Para essa descoberta, poderá aproveitar a conversa mantida com as pessoas antes da apresentação. Se entre elas identificar uma com quem já tenha tido ao menos um

* Afonso Arinos de Melo Franco, *Estudos e Discursos*, Editora Comercial, 1961, p. 127.

pequeno contato, terá chance de, nesse instante, estreitar um pouco mais o relacionamento, discutindo principalmente temas ligados ao assunto que irá expor. Ao falar diante do auditório, você fará referências a ela, tratando-a como se fosse muito conhecida.

Esse aproveitamento de circunstância de pessoa poderá fazer os ouvintes concluírem que, se você é amigo ou conhecido de alguém que admiram, então possuem identidade (você e os ouvintes), isto é, são amigos ou, pelo menos, admiram a mesma pessoa.

Mesmo que essa pessoa não esteja presente, mas faça parte daquele grupo ou da coletividade a que os ouvintes pertencem, se você demonstrar, pelos seus comentários, que a conhece e mantém com ela um relacionamento de amizade ou profissional, o resultado poderá ser, da mesma forma, positivo.

O aproveitamento de circunstância de pessoa poderá ser muito útil também quando você precisar fazer uma autoapresentação, mencionando dados do seu currículo. Essa é uma situação muito delicada, pois, se não usar de sutileza, poderá projetar uma imagem pretensiosa e arrogante.

Exemplo

Se você quisesse informar que é formado em Direito, poderia se valer de um colega de profissão presente na plateia, dizendo:

> "Estou feliz com a presença do José Roberto, que foi meu companheiro do primeiro ao último ano da faculdade de Direito. Só nos separamos na pós-graduação, quando ele abraçou o Direito Tributário e eu fui para o Direito Penal".

Circunstância de tempo

Você poderá demonstrar que possui identidade com o público e romper a resistência por ser desconhecido usando uma circunstância de tempo, isto é, fazendo um comentário ou uma referência sobre algum fato ocorrido e que seja do conhecimento dos ouvintes.

Fato ocorrido que seja conhecido dos ouvintes.

As notícias que merecem as manchetes dos jornais e que, de forma direta ou indireta, tenham influência na cultura, nos valores ou nas aspirações do público podem se constituir em excelentes circunstâncias de tempo. Também são úteis as informações que, num passado próximo ou remoto, marcaram a história da vida dos ouvintes.

Exemplo

Vejamos como Júlio César de Mesquita, presidente da Sociedade Interamericana de Imprensa, iniciou seu discurso durante a comemoração do 47º aniversário da entidade, fazendo o aproveitamento de uma circunstância de tempo:

> "Esta solenidade ocorre num momento muito importante da vida política do continente americano. Acaba de ser inaugurado o ano centenário da grande descoberta de Cristóvão Colombo, marco inicial da modernidade, justamente na histórica ocasião em que quase todos os países do Novo Continente são governados por regimes democráticos e respeitadores das liberdades políticas e econômicas de indivíduos e grupos".*

* *O Estado de S. Paulo*, 24 out. 1991.

Circunstância de lugar

As informações que fazem referência a lugares ou aos objetos que neles se encontram, como, por exemplo, o prédio onde o público se reúne, ou os quadros, os móveis, os equipamentos ali existentes, enfim, tudo o que se relacione com a plateia, que tenha condições de ser mencionado por você e rapidamente distinguido pelos ouvintes, pode ser usado como circunstância de lugar. Esse recurso estabelece identidade com o auditório e elimina a ideia de que estão diante de alguém desconhecido.

Exemplo

Quando esteve em Belo Horizonte, o papa João Paulo II, de maneira muito hábil e competente, fez o aproveitamento de uma circunstância de lugar em sua homilia. Trata-se de uma mensagem muito sensível e de extremo encantamento.

> "Queridos jovens e meus amigos.
>
> Agradeço a palavra de saudação do Senhor Arcebispo de Belo Horizonte e de Minas Gerais. Agradeço a todos os que aqui estão e que encontrei ao vir aqui, aos pastores fiéis deste Estado: a todos vós, muito obrigado! Peço que me seja permitido dedicar aos jovens do Brasil esta homilia.
>
> Pode-se olhar as montanhas, atrás, e se deve dizer: belo horizonte! Pode-se olhar a cidade, e se deve dizer: belo horizonte! Mas, sobretudo, pode-se olhar a vocês, e se deve dizer: que belo horizonte!"*

Orientação geral	
Tipo de introdução	— aproveitar circunstância de pessoa, de tempo e de lugar.
Característica do público	— hostil com relação ao orador por ele ser desconhecido.
Objetivo	— estabelecer identidade com o público.

* Papa João Paulo II, *Discursos no Brasil*, p. 24.

Ser invejado ou despertar rivalidade

Se o público estiver possuído pelo sentimento de inveja ou rivalidade com relação a você, resistirá em aceitá-lo. Poucos, como Aristóteles, analisaram tão bem a inveja. No Capítulo X da sua obra *A arte retórica*, o filósofo identifica quais os motivos desse sentimento. Diz Aristóteles:

> "Sentimos inveja dos que nos são iguais por nascença, parentesco, idade, disposição, reputação, bens em geral (...). Ninguém tem inveja dos que viveram há milhares de anos, dos que hão de nascer ou dos que já morreram (...). Nem daqueles que, aos nossos olhos ou aos olhos dos outros, nos são muito inferiores ou muito superiores (...). Invejamos aqueles que ambicionam os mesmos bens que nós (...). Invejamos os que facilmente triunfam, quando nós temos dificuldade em triunfar ou fracassamos (...). Invejamos os nossos pares e os nossos parentes que conquistaram êxitos e riquezas porque, se não obtemos os bens que eles têm, a culpa é nossa (...). Também invejamos aqueles que possuem ou possuíram as vantagens que deviam caber-nos ou que um dia obtivemos; daí a inveja que os velhos sentem dos novos. Sentem inveja aqueles que tiveram de fazer copiosos gastos para conseguirem uma vantagem que outros conseguiram por pouco custo. Todos aqueles que conseguiram um objetivo são invejados por aqueles que não o alcançaram ou falharam".*

A partir desses conceitos estabelecidos por Aristóteles, é possível compreender melhor como a inveja ou a rivalidade se manifestam e perceber como é difícil enfrentar um público que resiste à sua presença como orador por causa desse sentimento. Nenhuma regra pode ser considerada infalível na conquista dos ouvintes, que, pela própria natureza da sua hostilidade, terão desconfiança e tendência a rejeitar as tentativas que você fizer.

---

* Aristóteles, *Arte retórica e arte poética*. Tradução de Antônio Pinto de Carvalho, Editora Tecnoprint, p. 123 e 124 (trecho adaptado).

O elogio é o melhor de todos os recursos conhecidos para afastar a hostilidade dos ouvintes originada pela inveja ou rivalidade. O elogio ao público deverá parecer sincero sempre, mas, principalmente nessa circunstância, não poderá pairar a mínima dúvida de que ele seja verdadeiro. De nada adiantará a você dizer à sua plateia que está feliz em falar para pessoas tão maravilhosas se não puder demonstrar com algum tipo de prova que suas palavras não são falsas. Sem provas, o elogio será recebido como ardil de um bajulador ou demagogo. Quando ele é recebido como uma manifestação honesta, o público se sente valorizado e passa a torcer pelo seu sucesso, pois aquele sentimento de desvantagem, de inferioridade ou de injustiça começa a arrefecer, dando lugar à docilidade e à benevolência.

Elogiar com sinceridade os ouvintes é um recurso que pode ser utilizado em diversas circunstâncias, especialmente quando o objetivo for conquistar a simpatia e a benevolência da plateia.

Exemplo

Abreu Sodré, quando ministro das Relações Exteriores, iniciou seu discurso na reunião da Cepal, na Cidade do México, elogiando o local e o povo mexicano:

> "É para mim um prazer estar na Cidade do México e desfrutar sua hospitalidade. Com alegria retomo aqui o convívio com este povo admirável, herdeiro de ricas tradições e senhor de um grande destino".*

Outro bom exemplo de discurso que utilizou o elogio na introdução foi o proferido pelo então presidente do Brasil, Fernando Henrique Cardoso, no jantar em Pretória oferecido pelo também então presidente da África do Sul, Nelson Mandela:

> "Muito obrigado, senhor presidente, muito obrigado por suas palavras tão inspiradas.

* *O Estado de S. Paulo*, 24 jan. 1987.

É uma honra para mim estar aqui esta noite e compartilhar esta refeição entre amigos como o primeiro presidente brasileiro a visitar a África do Sul.

É uma honra ser o porta-voz de todos os brasileiros ao trazer-lhes os nossos sentimentos de profunda admiração e amizade pelo povo sul-africano e suas lideranças.

Peço ao presidente Mandela, símbolo e guia dessas lideranças, que faça com que aqueles sentimentos ecoem por todo este vasto e belo país, para que cada sul-africano saiba que, do outro lado do Atlântico, um povo orgulhoso de sua herança africana pede que esta terra seja abençoada para sempre com as dádivas da paz e da liberdade.

Durante o minuto para reflexão, há alguns instantes, nossos pensamentos se dirigem àqueles que, através de sua luta e ao custo de sua liberdade e mesmo de suas vidas, deram à África do Sul um 'novo raiar da liberdade', para que este grande país pudesse entrar na grande corrente da história contemporânea. Nós honramos e celebramos a coragem, a força, a sabedoria e a personalidade daqueles que tornaram isso possível.

Nós devemos àqueles guerreiros da liberdade uma África do Sul capaz de fazer uma contribuição importante para o seu continente e para o mundo — uma contribuição que toma a forma não só da pujança econômica e de um enorme potencial, mas também de uma esperança renovada".*

Orientação geral	
Tipo de introdução	— elogiar o auditório.
Característica do público	— hostil com o orador por inveja ou rivalidade.
Objetivo	— tornar os ouvintes dóceis e benevolentes.

* *O Estado de S. Paulo*, 27 nov. 1996.

Hostilidade com relação ao ambiente

O público ficará hostil com relação ao ambiente quando se sentir incomodado no local do evento. O desconforto das cadeiras, som defeituoso, excesso de frio ou de calor, iluminação deficiente, ruídos externos, fome, cansaço, necessidade de sair por causa de compromissos assumidos ou tarefas a realizar são alguns dos fatores ambientais que provocam a hostilidade dos ouvintes.

Ouvinte incomodado com o ambiente pode ficar hostil.

Imagine, por exemplo, que, depois de uma reunião cansativa na qual as pessoas tivessem permanecido longo tempo, você surgisse, quase no momento de irem embora, para fazer mais uma apresentação. É evidente que você encontraria uma plateia ansiosa para sair daquele local. Ora, precisando expor o assunto e percebendo a resistência do público, o primeiro cuidado deveria ser o de mudar o comportamento dos ouvintes, afastando sua hostilidade e tornando-os dóceis e receptivos para a mensagem.

O recurso mais indicado para conquistar o auditório, quando existe a resistência por causa do ambiente, é a promessa de brevidade. Ao perceber que você não vai consumir muito tempo e que o incômodo dele não será prolongado, o público presta atenção e fica interessado na mensagem.

A promessa de brevidade deve ser sutil e mostrar com clareza que o objetivo é favorecer os ouvintes. Porém, não basta dizer que será breve; é necessário, também, que você explique os motivos pelos quais não deseja falar por muito tempo. Assim, deveria evitar dizer simplesmente: "Serei breve". E se o auditório tiver interesse na mensagem? Poderá até presumir que você não está com vontade de falar ou, muito pior, que não considera o público. Por isso, a explicação é necessária.

Poderia dizer, por exemplo: "Sei que todos estamos cansados depois desta reunião prolongada, que muitos podem já ter assumido compromissos para o início da noite e estão precisando sair. Ocorre que, dentro da problemática que passamos o dia estudando, há dois pontos fundamentais para compreendermos perfeitamente a operação, e não poderíamos nos retirar sem, pelo menos, saber que eles existem. Então, pelo adiantado da hora, pelos compromissos assumidos e pelo cansaço do grupo, vamos, de uma forma bem objetiva e sintética, dar umas rápidas pinceladas em cada um deles e, assim, poderemos nos retirar mais cedo".

O público, aliviado, e acreditando mesmo que você falará com brevidade, prestará atenção e, depois, envolvido com a mensagem, talvez nem perceba que permaneceu naquele local por mais tempo do que desejara a princípio.

Em tom de brincadeira, tenho comentado com os alunos do nosso Curso de Expressão Verbal que eles podem prometer a brevidade, não cumprir a promessa e no final ainda colocar a culpa no auditório, dizendo que pretendiam falar rapidamente, mas perceberam um interesse tão grande por parte de todos que acharam justo estender um pouco mais a apresentação.

A crítica que fazem ao uso da promessa de brevidade é a de que o público pode ficar irritado ao perceber que ela não será cumprida. Esse argumento não procede por dois motivos: o primeiro é que, sendo possível, ela deve ser mesmo cumprida; o segundo é que é preferível fazer a tentativa com chances de ser ouvido a falar com a certeza de que ninguém prestará atenção.

Exemplo

Observe como o então Presidente do Brasil Fernando Henrique Cardoso, em uma cerimônia no Palácio do Planalto, iniciou seu discurso prometendo brevidade:

> "Senhores Ministros aqui presentes,
>
> Senhoras e Senhores,
>
> Eu direi poucas palavras. Simplesmente para reafirmar o que o Ministro já disse, do nosso empenho, como brasileiros, em fazer com que o Brasil fique marcado na História contemporânea por ser um dos países que lideram a preservação do meio ambiente".

Orientação geral	
Tipo de introdução	— promessa de brevidade.
Característica do público	— hostil com relação ao ambiente.
Objetivo	— afastar a ansiedade do público e torná-lo receptivo ao orador e ao tema.

RECURSOS PARA TODAS AS CIRCUNSTÂNCIAS

Vários recursos disponíveis para a introdução da fala se aplicam em diversas circunstâncias, e alguns podem mesmo ser utilizados em todas as situações.

Salvo quando o objetivo é instigar ou desafiar o público (o que não é comum), o seu intento como orador é ter os ouvintes a seu lado, envolvidos com a mensagem e torcendo pelo seu sucesso.

Além do elogio ou da valorização da plateia, estudado há pouco, para conquistar esse objetivo você poderá se valer ainda de mais dois bons recursos:

— a pessoa do orador;

— a pessoa do concorrente ou do adversário.

O auditório pode ficar benevolente pelas suas próprias características como orador, pelo envolvimento, interesse e motivação que demonstra por estar naquele local ou pela oportunidade de falar sobre o assunto que aborda, pela sua voz, sua simpatia, sua presença de espírito, sua inteligência, sua humildade e até sua forma de vestir que vai ao encontro da expectativa dos ouvintes.

Usar sua própria pessoa de orador para brincar com as características físicas, inabilidades, defeitos ou erros cometidos é também uma forma eficiente de conquistar os ouvintes. É, por exemplo, o gordo que fala ironicamente da sua barriga; o careca, da sua calvície; o baixinho, da sua estatura.

Lembro-me do Professor Silveira Bueno, um dos mais importantes filólogos da história brasileira, fazendo uma brincadeira e conquistando de imediato a simpatia do auditório quando esteve participando de um dos eventos do nosso curso. Ele comentava sobre as características de Rui Barbosa como orador e, ao falar da sua estatura, disse:

> "Ele era um tipo franzino. O que não é nenhum desdouro, porque também sou pequenino".

Outro exemplo bastante ilustrativo foi deixado pelo ex-presidente Jânio Quadros. Certa vez fui convidá-lo para ser paraninfo de uma das turmas do nosso Curso de Expressão Verbal. Combinei de encontrá-lo numa palestra que ele faria para uma associação de distribuidores de derivados de petróleo. Atrasou quase uma hora. Quando chegou, a plateia já estava impaciente e aguardando algum tipo de explicação pelo atraso. Ao entrar caminhando com dificuldade, ainda no corredor, parou bem no meio do auditório, olhou com calma para todas as pessoas e disse com voz arrastada numa jocosa autogozação: "Os senhores estão diante de um paletó surrado à procura de um cabide". O público explodiu numa gostosa gargalhada, enquanto ele se encaminhava para a mesa de honra. Por causa dessa brincadeira que fez sobre sua debilidade física, conquistou a simpatia dos ouvintes. Ao se sentar, ninguém queria mais que ele se desculpasse, todos já estavam dispostos a ouvir sua mensagem.

A PESSOA DO CONCORRENTE OU DO ADVERSÁRIO

Se você puder destacar alguma qualidade do concorrente ou do adversário, desde que essa observação não comprometa sua causa, é evidente que estará demonstrando grandeza de espírito, magnanimidade, e poderá sensibilizar de maneira positiva os ouvintes, conquistando sua benevolência. Se estiver diante de um executivo que faz a exposição de um produto e perguntar a ele o que acha de uma empresa rival, não ficará bem para ele fazer críticas abertas ao concorrente, pois estará dando demonstrações ostensivas de sua rivalidade. Se, ao contrário, ele puder falar, honestamente, da tradição ou da seriedade daquela companhia, as chances de conquistar sua simpatia são maiores. Tudo dependerá muito da circunstância a ser enfrentada. Se, entretanto, sentir que é necessário fazer críticas ao concorrente, prefira tomar essa atitude mais no meio da apresentação, e não no seu início. Porém tenha muito cuidado para demonstrar sinceridade nos elogios que fizer ao concorrente ou a adversários, pois, como as pessoas sabem que existe uma natural rivalidade, o menor sinal de ironia poderá ser percebido. Assim, de nada adiantará tecer elogios com as palavras se a sua atitude, mesmo que sutilmente, demonstrar que está se valendo apenas de um recurso para conquistar a simpatia do ouvinte. Situações como essa podem fazer com que as pessoas passem a desconfiar de suas intenções. E não existe nada mais grave para comprometer o resultado de uma apresentação do que a perda da credibilidade.

Orientação geral	
Tipo de introdução	— elogiar o auditório, fazer o uso das características positivas do orador, elogiar o concorrente ou adversário.
Característica do público	— hostil, neutro ou amistoso.
Objetivo	— conquistar a benevolência, a simpatia e o envolvimento do público.

INTRODUÇÕES QUE DEVEM SER EVITADAS

Deve ser evitada a introdução que não se relacione com o assunto, que não sirva para conquistar o público, que seja muito previsível ou que coloque em risco a sua estabilidade e segurança como orador na frente dos ouvintes.

As atitudes que devem ser evitadas nas introduções são:

— contar piadas;

— fazer perguntas quando não se deseja resposta;

— pedir desculpas ao auditório;

— tomar partido sobre assuntos polêmicos ou controvertidos;

— começar com palavras inconsistentes;

— usar chavões ou frases feitas.

CONTAR PIADAS

É desaconselhável contar piadas no início da apresentação por três motivos:

— a piada pode não ter graça;

— a piada pode ser engraçada e, por isso mesmo, muito conhecida;

— a piada pode não ter relação com o assunto.

A piada pode não ter graça

Você deve saber que, no início da apresentação, o seu nervosismo e a sua insegurança são maiores. Você está procurando manter o primeiro contato com os ouvintes para conquistá-los, tentando ouvir o som da própria voz, preocupado em situar-se bem na tribuna e com a adrenalina sendo despejada no seu organismo. É, sem dúvida, um momento de instabilidade para quem fala em público.

Ora, com toda esta insegurança e instabilidade, você chega diante da plateia para fazer a sua apresentação e inicia contando uma piada, mas a piada não tem graça. Ao notar que os ouvintes não reagem de modo positivo, você pode ficar menos tranquilo ainda e com maior dificuldade para falar bem.

A piada pode ser engraçada e, por isso mesmo, muito conhecida

Se você contar uma piada boa e engraçada no início da apresentação, a consequência pode ser a mesma observada na hipótese de ela não ter graça. A piada boa corre com muita facilidade e se torna conhecida rapidamente. Alguém que frequenta uma escola ou um clube com certa assiduidade pode constatar que, quando uma piada boa é contada, ela será repetida diversas vezes por pessoas diferentes.

Portanto, analise o seguinte fato: você inicia a sua apresentação contando uma piada que tem certeza de que é boa, mas, pelo fato de ser engraçada, os ouvintes já a conhecem. Ao terminar, faz a pausa, aguardando a reação do auditório, que, por conhecê-la, não ri. Percebendo o comportamento frio do público, você poderá se desestabilizar e até concluir que o problema é seu, quando, na verdade, é do tipo de recurso que escolheu para fazer a introdução.

O desequilíbrio e a insegurança nessas situações poderão enfraquecer a sua imagem e colocar barreiras na aceitação da sua autoridade ou do conteúdo da fala.

A piada pode não ter relação com o assunto

Um dos maiores problemas no uso da piada é a falta de ligação entre ela e o conteúdo da mensagem.

Você se lembra de que uma das qualidades da introdução corretamente formulada é ter interdependência com o tema. Há pouco você viu que o objetivo maior da piada é conquistar os ouvintes, mas também que as suas informações devem auxiliar na composição do assunto a ser apresentado.

Mesmo na hipótese de a piada ser muito boa e produzir uma reação positiva do público, se ela não tiver vínculo com a mensagem a ser transmitida, será de muito pouca utilidade.

Um último conselho sobre a piada

Se você tiver jeito para contar piadas, aproveite essa habilidade a seu favor, mas prefira usá-la mais na metade da fala, quando a situação diante do público já estiver sob controle.

Para saber se você tem jeito para contar piadas, faça o teste primeiro com as pessoas da família e com os amigos mais próximos e, depois, no ambiente de trabalho. Se der certo nessas experiências, é provável que tenha sucesso diante da plateia. Se fracassar nas primeiras tentativas, procure desenvolver mais a técnica antes de ir para a frente do público com esse recurso.

FAZER PERGUNTAS QUANDO NÃO SE DESEJA RESPOSTA

Por que deverá se arriscar fazendo perguntas ao auditório se não deseja resposta? Ao fazer a pergunta, ficará sujeito à possibilidade de que alguém responda. Imagine que você inicie sua apresentação fazendo uma pergunta mais ou menos assim: "Será que existe uma solução política de curto prazo que possa desenvolver nossa economia sem provocar pressões sociais?".

Antes que você apresente seus argumentos para provar que essa solução não existe, poderia surgir um ouvinte que levantasse o braço e começasse a responder: "Acredito que temos excelentes soluções políticas de curto prazo que poderiam desenvolver nossa economia sem provocar nenhuma pressão social. Coincidentemente, estive conversando esta semana com alguns companheiros que estudam e se interessam por esse assunto, e chegamos a algumas conclusões bastante interessantes. Se o senhor permitisse, gostaria de ir até a frente e expor para os ouvintes".

E aí? Você vai brigar com o ouvinte ou deixá-lo falar?

Não se arrisque: se não quiser ouvir uma resposta, não faça a pergunta.

PEDIR DESCULPAS AO AUDITÓRIO

Não peça desculpas por problemas físicos ou de saúde, nem por falta de preparo ou de conhecimento sobre o assunto. O pedido de desculpa é como se você dissesse aos ouvintes "Eu sou uma pessoa inteligente e percebi, assim como vocês, que eu, orador, não estou preparado para falar"; "Eu sou muito melhor do que vocês estão vendo, não tenho essa voz horrorosa que vocês estão ouvindo agora"... "só não estou me saindo bem por causa de uma dor de cabeça".

Será que a plateia perceberia que você está com dor de cabeça, de estômago, gripado ou com a voz enrouquecida? É provável que não, mas, se você chamar a atenção para o problema, as pessoas podem ficar atentas para ver se a dor de cabeça, de estômago ou a gripe não irão interferir no seu desempenho, o que talvez até as distraia da mensagem.

Quando um aluno me procura antes da aula reclamando de algum problema físico e sem certeza de ter condições de se apresentar na tribuna, faço sempre a seguinte recomendação: "Tente fazer o exercício, mas não revele ao público o que está sentindo". Invariavelmente o aluno consegue completar o treinamento e é raro um colega perceber o problema, mesmo quando se trata de rouquidão.

Outro tipo de introdução condenável é pedir desculpas pela falta de preparo. Se você não estiver preparado para discorrer sobre um determinado tema, não deverá se apresentar. Mas, se mesmo assim for obrigado a falar por força da atividade profissional ou por qualquer outro motivo, não deverá dizer aos ouvintes que não está em condições de desempenhar aquela tarefa. Até porque nem precisará contar, eles perceberão logo o seu despreparo.

Brincadeira à parte, já foi visto que, como orador, você precisa demonstrar autoridade sobre um assunto. Se chegar diante da plateia dizendo: "Vocês me desculpem, mas não tive tempo de me preparar sobre esse tema e, como não conheço bem o assunto, não sei se vou conseguir fazer uma boa apresentação", provavelmente ninguém ficará interessado em ouvi-lo.

TOMAR PARTIDO SOBRE ASSUNTOS POLÊMICOS OU CONTROVERTIDOS

Já foi comentado que, quando o assunto é polêmico ou controvertido, a opinião do público estará dividida, uns pensando de uma maneira, outros de forma diversa.

Se você tomar partido no início sobre uma posição ou outra, perderá a parte do público que tem opinião diferente da sua. O pior ainda é que a parcela que está sendo perdida representa exatamente as pessoas que precisaria conquistar, porque aquelas que se posicionam como você já estarão conquistadas.

A melhor atitude é agir conforme já foi recomendado no tópico que trata da conquista do auditório hostil com relação ao tema, isto é, falar inicialmente sobre os pontos comuns, com os quais você tem identidade com os ouvintes, como tentativa de romper sua resistência.

COMEÇAR COM PALAVRAS INCONSISTENTES

Não é só no início que você deverá excluir palavras que não possuem objetividade, mas também durante toda a apresentação.

Na introdução, porém, que é a parte em que deverá concentrar suas forças para a conquista dos ouvintes, a consequência é ainda mais desastrosa. Portanto, você deverá evitar palavras como "bem", "bom", "veja bem", "então", "aí, então", porque elas nada acrescentam à sua mensagem e, dependendo do número de expressões dessa natureza, a plateia poderá começar a se irritar.

USAR CHAVÕES OU FRASES FEITAS

Como ocorre com as palavras inconsistentes, também os chavões devem ser evitados durante toda a apresentação e, em especial, no início, pelos motivos já expostos. Algumas frases feitas podem até carregar mensagens fortes e de certa profundidade, mas o excesso de uso ao longo do tempo transformou-as em informações desgastadas e sem força de envolvimento. Assim, devem ser afastadas frases ou analogias como: "Uma andorinha só não faz verão"; "Deus ajuda a quem cedo madruga"; "Quem tem um olho na terra de cego é rei"; "Mais vale um pássaro na mão do que dois voando" etc.

Embora essas frases ou outras análogas possam não vir necessariamente a prejudicar uma apresentação, também não contribuem para fortalecê-la, por não provocarem impacto no público e oferecerem sério risco de comprometer sua imagem.

OUTRAS INTRODUÇÕES DESACONSELHÁVEIS

Mesmo sendo um dos objetivos da introdução criar expectativa sobre o que você irá dizer, não prometa o que não pretende ou não conseguirá cumprir.

Também não inicie fazendo comentários sobre fatos que estejam incomodando o público, como ruídos indesejáveis ou temperatura inconveniente, se não tiver condições de resolver o problema.

Outro erro comum cometido mais pelos oradores novatos é mostrarem-se muito humildes diante de ouvintes importantes. Essa atitude poderá tirar a credibilidade e enfraquecer a apresentação.

Por fim, lembre-se de que não é recomendável perder ainda mais tempo explicando ao público que tem prazo insuficiente para desenvolver o assunto com a profundidade que desejaria. Lembre-se também de que não é bom ser previsível demais.

Resumo das introduções que devem ser evitadas

— contar piadas;

— fazer perguntas quando não desejar resposta;

— pedir desculpas ao auditório;

— tomar partido sobre assuntos polêmicos ou controvertidos;

— começar com palavras inconsistentes;

— usar chavões ou frases feitas;

— criar expectativas que não possam ser cumpridas;

— mencionar fatos que incomodem o público, sem condições de resolver o problema;

— mostrar-se muito humilde diante de ouvintes importantes;

— explicar que o tempo é insuficiente para transmitir a mensagem;

— ser muito previsível.

2

PREPARAÇÃO

LOCALIZAÇÃO	
ESQUEMA DE UMA APRESENTAÇÃO	
INTRODUÇÃO	Vocativo Exórdio
PREPARAÇÃO	Proposição Narração Divisão
ASSUNTO CENTRAL	Confirmação Refutação
CONCLUSÃO	Recapitulação Epílogo

Depois de você ter, na introdução, motivado o ânimo da plateia para ouvir o que tem a dizer, chegou o momento de preparar a mensagem com o objetivo de facilitar o entendimento do ouvinte.

Para que o conteúdo seja exposto de maneira clara e organizada, permitindo que os ouvintes compreendam e aceitem suas ideias, você precisará ordená-lo com informações que expliquem a razão ou a natureza de sua existência e, em seguida, levem naturalmente ao seu desenvolvimento.

São elementos da preparação:

— proposição;

— narração;

— divisão.

E, em seu estudo, serão considerados:

— conceito e objetivo;

— proposição;

— narração;

— divisão;

— a ordenação dos elementos da preparação.

CONCEITO E OBJETIVO

A preparação é a parte do discurso na qual você se dedicará às informações que expliquem a razão ou a natureza da mensagem, para facilitar o entendimento do assunto central. É na preparação que você deverá indicar o conteúdo do assunto que será apresentado, abordar o histórico da matéria, os problemas que serão solucionados e as partes do tema que deseja desenvolver.

PROPOSIÇÃO

No estudo da proposição, serão considerados:

— conceito;

— duração;

— objetivo;

— quando não fazer a proposição.

CONCEITO

A proposição é o elemento da preparação em que você informará aos ouvintes qual é o assunto e aonde pretende chegar com ele.

DURAÇÃO

Em apenas uma ou duas frases, você contará ao público qual é a essência do conteúdo da apresentação. Esse será um dos seus grandes desafios: em poucas palavras, informar com clareza qual o assunto a ser abordado.

OBJETIVO

Sabendo o assunto a ser tratado e identificando os objetivos a serem atingidos, o público pode entender melhor a sequência do raciocínio. Por isso, a proposição, tendo a finalidade de orientar o auditório sobre o conteúdo da matéria a ser apresentada, poderá servir como um excelente elemento na conquista do interesse dos ouvintes, informando, direta ou indiretamente, quais os benefícios que terão ficando atentos ao que será exposto.

Outro objetivo da proposição é o de orientar a plateia sobre o "tom" que se pretende dar ao discurso. Pela maneira como o assunto será indicado, os ouvintes perceberão se a sua fala será sóbria, alegre, entusiasmada, leve, dinâmica, preparando-se psicologicamente para o estilo a ser adotado no discurso.

A falta da proposição pode comprometer a compreensão da mensagem até nas situações do nosso cotidiano. Já deve ter ocorrido com você: alguém entra na sua sala e começa a falar, falar, falar e, depois de um bom tempo, por mais que você se esforce, não consegue entender o que a pessoa está pretendendo com aquela conversa toda. Se ela tivesse contado, logo no princípio, em uma ou duas frases, qual era o assunto e o objetivo da presença dela ali, teria sido muito mais simples para você acompanhar o raciocínio desde o início até o final.

Talvez essa seja uma das falhas mais comuns na comunicação: não informar ao ouvinte, ou ao leitor (porque a regra serve tanto para falar como para escrever), qual o assunto que será exposto.

QUANDO NÃO FAZER A PROPOSIÇÃO

Nem sempre a proposição será necessária e, em algumas circunstâncias, para facilitar a conquista dos seus objetivos, deverá suprimi-la. Veja, a seguir, em que ocasiões a proposição deverá ser dispensada:

— quando o assunto contrariar o interesse do público;

— quando os ouvintes já souberem qual é o assunto e o seu objetivo;

— quando o assunto for controvertido.

Quando o assunto contrariar o interesse do público

Se o assunto contrariar o interesse do público, a presença da proposição contando que o tema que desagrada aos ouvintes será desenvolvido intensificará sua resistência, impedindo-o de acompanhar a mensagem livremente e sem restrições.

Imagine, por exemplo, que tenha de fazer uma apresentação a um grupo de gerentes de uma empresa que acumula resultados negativos por causa do seu desempenho deficiente e de uma crise conjuntural do mercado. Se o assunto fosse terceirização e os ouvintes temessem perder o emprego devido a essa filosofia de trabalho, é evidente que não se indicaria uma proposição capaz de despertar tal receio. Deduza qual seria a reação desse público se fosse feita esta proposição: "Hoje iremos demonstrar como o processo de terceirização poderá reduzir os custos da empresa e, como consequência, favorecer seu resultado líquido".

É evidente que você terá de revelar qual o assunto a ser tratado, mas não dessa maneira e nesse momento. Conforme vimos há pouco, havendo resistência dos ouvintes com relação ao assunto, a introdução deve consumir um tempo maior da apresentação, de tal maneira que o público se torne mais receptivo e desarmado.

Quando os ouvintes já souberem qual é o assunto e o seu objetivo

Seria supérfluo dizer aos ouvintes qual o assunto e os objetivos da apresentação se eles já tivessem essas informações. Entretanto, nem sempre se pode ter certeza de que todos estão cientes do que será apresentado e, como a proposição é muito curta (apenas uma ou duas frases), não se perderia nada dizendo ao público sobre o que se pretenderia falar, desde que essa mensagem não fosse passada como uma grande novidade.

Poderia ser usado o recurso visto no tópico sobre os ouvintes no Capítulo 1: "Como todos sabemos" ou "Como é do conhecimento de todos, hoje falaremos sobre...". Dessa forma, os ouvintes saberiam qual seria o assunto, e aqueles que talvez desconhecessem a informação seriam orientados, sem que você se desgastasse, pelo fato de uma parte da plateia já estar inteirada da natureza e dos objetivos da mensagem.

Quando o assunto for controvertido

Também neste caso a proposição deve ser evitada. Se o assunto provocar controvérsias, você não deverá dizer ao público a matéria a ser tratada na apresentação, pelos mesmos motivos já mencionados no caso em que a proposição estiver indicando um tema contrário ao interesse do público. É simples deduzir que, por ser controvertido, o assunto provavelmente contrariará pelo menos uma parcela da plateia, e o seu objetivo como orador é o de ter sempre o maior número possível de ouvintes do seu lado.

Exemplo de proposição

Para encerrar as considerações referentes à proposição, observe este discurso que o ministro brasileiro Luiz Carlos Bresser Pereira proferiu na reunião do comitê interino do FMI, aludindo à ocasião:

> "Senhor Presidente, a reunião deste ano do comitê interino oferece mais uma importante e privilegiada oportunidade para uma abordagem objetiva e atual do problema da dívida externa dos países em desenvolvimento".*

NARRAÇÃO

No estudo da narração, serão considerados:

— conceito e objetivo;

— principais tipos de narração;

— o melhor tipo de narração.

* *Folha de S. Paulo*, 28 set. 1987.

CONCEITO E OBJETIVO

Narração é o elemento da preparação que expõe os motivos e os fatos que sustentam o desenvolvimento do assunto central.

PRINCIPAIS TIPOS DE NARRAÇÃO

Todos os assuntos que sirvam para dar apoio, preparando de forma conveniente o assunto central, podem ser utilizados na narração. Alguns dos mais importantes são:

— retrospectos;
— levantamentos filosóficos;
— estudos de qualquer natureza;
— pesquisas;
— descobertas científicas;
— exposição de problemas ou questões que se relacionem com a matéria a ser desenvolvida;
— solução de problemas.

Vamos estudar os três tipos mais utilizados de narração:

— histórico;
— levantamento de problemas;
— solução de problemas.

Histórico

Antes de apresentar o assunto com suas informações no presente, você poderá fazer um retrospecto, comentando um pouco do passado, até chegar ao momento atual, objeto da sua exposição.

Imagine, como exemplo, que o tema seja o lançamento no mercado de uma locomotiva que consuma pouco combustível e ande a uma velocidade quase duas vezes superior à das convencionais. Antes de entrar no presente, você poderia fazer uma retrospectiva, desde o lançamento da primeira máquina a vapor, seguir com a história, relatando sobre o aperfeiçoamento que recebeu, os combustíveis alternativos que utilizou, as fábricas, os países e os profissionais que trabalharam com ela e fizeram parte da sua evolução, até chegar aos dias de hoje. Essas informações históricas serviriam como apoio e preparação para o desenvolvimento do assunto central.

Se você estiver apresentando um projeto ou uma proposta, aproveite este momento em que faz o retrospecto para revelar quais são as vantagens, os benefícios que as pessoas envolvidas terão com as inovações. Sabendo, por exemplo, qual o aumento da produção, a economia que farão com os custos de mão de obra e os passos que darão à frente da concorrência, terão mais chances de serem persuadidas a aceitar a proposta ou o projeto.

Levantamento de problemas

Se o assunto central for o desenvolvimento de um conjunto de informações que serviriam como resposta para um determinado problema, seria possível mencioná-lo antes como preparação, visando facilitar o seu raciocínio e o entendimento da plateia.

Se observar bem, vai constatar que, de maneira geral, suas apresentações têm por objetivo solucionar problemas. Entretanto, não suponha que, pelo fato de saber que se trata de um problema e de ele ser muito conhecido por você, os ouvintes também já estejam devidamente inteirados dessa informação. No momento em que estiver analisando como deveria agir para ajudar os ouvintes a compreender melhor a mensagem, se concluir que o objetivo da sua apresentação é o de sugerir a solução para um problema, revele-o antes para que as pessoas possam acompanhar com mais facilidade sua exposição. Reflita bem: como os ouvintes poderão entender a solução de um problema se eles não sabem da sua existência?

Assim, depois de cumprimentar os ouvintes e contar a eles qual o assunto a ser exposto, revele qual é o problema que precisa ser solucionado. Pode parecer à primeira vista que, ao contar qual é o assunto, já estará também revelando o conteúdo do problema; entretanto nem sempre esse fato se concretiza. Vamos imaginar que você desejasse falar sobre os problemas do aeroporto de sua cidade e quisesse sugerir soluções para eles. Você poderia contar qual o assunto a ser transmitido mais ou menos assim: "Hoje vou falar sobre os problemas apresentados pelo aeroporto de nossa cidade e sugerir algumas soluções para essa grave questão". Logo após fazer essa proposição, poderia começar explicando o problema: "Como é do conhecimento da maioria, o nosso aeroporto está com excesso de movimentação. Apenas nos últimos dois anos o intervalo de tempo entre as decolagens diminuiu mais de 60 por cento, ampliando consideravelmente o perigo de acidentes, e isso numa área com elevada densidade demográfica...". Observe que, no primeiro momento, você apenas indicou o assunto que seria desenvolvido e, na sequência, passou a explicá-lo com maiores detalhes.

Em determinadas circunstâncias bastará apenas mencioná-lo, pois a plateia irá identificá-lo com essa pequena orientação. Em outros momentos, porém, você precisará explicá-lo com detalhes para que ela possa compreender todos os pormenores da questão e se preparar convenientemente para as saídas que sua mensagem irá propor. Há situações, todavia, em que o problema já foi exaustivamente discutido, ou outras em que os ouvintes comparecem à reunião sabendo que o objetivo do encontro é o de encontrar soluções para ele. Nessas ocasiões você poderá suprimir esta etapa da apresentação, pois a própria circunstância foi suficiente para preparar o público para receber a mensagem.

Tome cuidado também para não confundir o problema com a solução, pois às vezes pensamos que o que é um na verdade é o outro. Por exemplo, o objetivo de dobrar as vendas no próximo semestre, que seria aparentemente uma solução, é na realidade um problema a ser solucionado. Nesse caso, você deve ter claro que o problema seria o aumento das vendas e a solução seria o conjunto de procedimentos, para que o objetivo pudesse ser atingido, como promoções, aumento do número de visitas, conquista de novos mercados etc.

Se tiver de fazer uma apresentação para os superiores hierárquicos da sua empresa, ou para um público externo constituído por ouvintes altamente posicionados, o que supõe serem muito ocupados, procure não se estender demasiadamente nas explicações do problema. Primeiro, porque provavelmente sejam pessoas bem preparadas e rapidamente irão entender qual a questão a ser solucionada; depois, é quase certo que, em função de seu precioso tempo, prefiram uma exposição com maior objetividade.

No mesmo exemplo estudado no tipo de narração que usa o histórico, você poderia também levantar um problema para solucioná-lo depois: "O preço do transporte ferroviário, pelo elevado consumo de combustível e pela demora de locomoção, atingiu um custo que o torna inviável". Poderia apresentar, em seguida, a solução, falando sobre o lançamento da locomotiva, que seria mais veloz e consumiria menos combustível, tornando viável e convidativo o transporte ferroviário.

Observação: Os recursos não são exclusivos

Não é porque na narração você falou do passado que não pode também levantar um problema nessa parte da preparação. Pode usar os dois recursos ao mesmo tempo, porque, no assunto central, enquanto fala do presente, também resolve a questão levantada.

Solução de problemas

Outra forma de narração é dar resposta a um problema para, depois, no assunto central, fornecer com detalhes explicações e justificativas para a solução dada. Por exemplo: um administrador que tenha de falar sobre a implantação de um novo sistema para informatizar a empresa poderia descrevê-lo na narração, como forma de preparar os comentários que fará sobre as vantagens da nova informatização quando estiver desenvolvendo o assunto central. Observe que, nesse caso, o assunto central não é a implantação do novo sistema, e, sim, as vantagens que ela proporcionaria à empresa.

Vamos a um outro exemplo. Em sua cidade há dois bairros importantes separados por um rio. Para ir de um lado a outro, os habitantes precisam dar uma volta enorme, ou, então, fazer a travessia de barco, que, entretanto, nem sempre está disponível. Você, como bom prefeito, de olho na reeleição, atende a uma antiga reivindicação dos munícipes, faz um empréstimo e constrói a tão esperada ponte. Durante sua campanha, a construção dessa ponte será mencionada à exaustão em todos os comícios. Só que a ponte, que é a solução de um problema, será utilizada como preparação para o assunto principal, que, neste caso, também se constituirá dos detalhes, como o investimento realizado, a mão de obra empregada, o desenvolvimento das empresas da região, fornecedoras de produtos e serviços, enfim, os pormenores ligados direta ou indiretamente àquela construção.

Essa é uma boa regra a ser seguida: quando a solução de um problema se transformar em detalhes que justifiquem uma apresentação, use a solução como preparação para facilitar o entendimento dos ouvintes e suas consequências como o assunto principal.

O MELHOR TIPO DE NARRAÇÃO

Quando há várias opções para fazer a narração, a escolha deverá recair sobre aquela que estiver mais naturalmente ligada ao assunto central, pois facilitará seu entendimento, naquela que despertar maior interesse no público e naquela que você conhecer com maior profundidade.

De nada adiantará optar pelo tipo histórico, por conhecê-lo muito bem, se os ouvintes não se interessarem por essas informações. Da mesma maneira, você não faria a melhor escolha optando pelo levantamento do problema, pelo interesse que ele despertaria na plateia, se não estivesse seguro para discorrer sobre ele.

Exemplo de narração

Num dos mais belos discursos proferidos na história do Brasil, durante a promulgação da Carta Constitucional, o então deputado Ulysses Guimarães fez a preparação da mensagem central com a seguinte narração:

> "A Constituição certamente não é perfeita. Ela própria o confessa ao admitir a reforma.
>
> Quanto a ela, discordar, sim. Divergir, sim. Descumprir, jamais. Afrontá-la, nunca. Traidor da Constituição é traidor da pátria. Conhecemos o caminho maldito: rasgar a Constituição, trancar as portas do Parlamento, garrotear a liberdade, mandar os patriotas para a cadeia, o exílio, o cemitério.
>
> A persistência da Constituição é a sobrevivência da democracia. Quando, após tantos anos de lutas e sacrifícios, promulgamos o estatuto do homem, da liberdade e da democracia, bradamos por imposição de sua honra: temos ódio à ditadura. Ódio e nojo. Amaldiçoamos a tirania onde quer que ela desgrace homens e nações, principalmente na América Latina".*

DIVISÃO

No estudo da divisão, serão considerados:

— conceito;

— objetivos;

— tamanho da divisão;

— quando a divisão deve ser suprimida.

* *Folha de S. Paulo*, 6 out. 1988.

CONCEITO

A divisão é o elemento da preparação que informa quais segmentos do assunto serão desenvolvidos.

OBJETIVOS

A divisão permite a você, como orador, concatenar melhor o seu raciocínio e facilita o entendimento dos ouvintes. Ao fazer a divisão, você mostrará com maior clareza à plateia qual o caminho que pretende seguir. Assim os ouvintes não terão que despender maiores esforços para acompanhar os rumos da exposição.

TAMANHO DA DIVISÃO

A divisão deve ser muito breve e ter poucas partes. Ainda que você possa dividir um assunto em quantos segmentos sejam necessários, para facilitar sua tarefa e o entendimento do auditório, normalmente não convém dividi-lo em mais do que três ou quatro partes.

Observe também que estou me referindo ao "assunto" no singular. Isso porque, sempre que possível, você deverá tratar apenas de um tema de cada vez. Aquele que, sem refletir sobre as consequências, apresentar vários assuntos ao mesmo tempo, provavelmente dificultará seu raciocínio e a compreensão do público. Esse conceito, sempre tão atual, foi abordado há três séculos, numa das mais extraordinárias aulas de oratória já ministradas: o *Sermão da Sexagésima*, do padre Antônio Vieira. Disse Vieira: "O sermão há de ter uma só cor, há de ter um só objeto, um só assunto, uma só matéria".

O discurso que o ex-presidente brasileiro Ernesto Geisel proferiu no Estado do Paraná apresenta um bom exemplo de divisão:

> "A motivação formal desta minha vinda se refere a três eventos que hoje aqui se realizam. Em primeiro lugar, o início oficial da safra de produção de soja. Em segundo

lugar, a inauguração de um empreendimento relacionado com a eletrificação rural. Em terceiro, a distribuição de cerca de mil títulos de propriedades a agricultores".*

Embora não seja recomendável a divisão em mais do que três ou quatro partes, é possível recorrer a subdivisões de cada uma delas, não para serem comunicadas ao público, mas, sim, para auxiliá-lo na montagem e na exposição do seu discurso.

Por exemplo, se você fosse falar sobre transportes, poderia dividir o assunto em três partes, que seriam informadas ao público: "Dentro do nosso tema, iremos falar sobre transporte aéreo, transporte marítimo e transporte terrestre".

Depois dessa divisão, que orientaria os ouvintes, você subdividiria estas partes em vários outros segmentos, que o ajudariam a estruturar o conteúdo e a transmiti-lo à plateia.

E assim você iria cumprindo cada um dos segmentos com suas subdivisões em separado, facilitando bastante a sequência da apresentação.

Volto a insistir: ao revelar ao auditório as partes que serão cumpridas, você deverá falar apenas das três primeiras, ou seja, transportes aéreo, marítimo e terrestre. Incluí as subdivisões neste exemplo para aproveitar o fato de estar tratando da divisão e sugerir um recurso eficiente que auxilie na montagem do assunto central, facilitando sua apresentação.

QUANDO A DIVISÃO DEVE SER SUPRIMIDA

Há alguns casos em que você deverá suprimir a divisão:

— quando o assunto tiver apenas uma parte;

— quando a apresentação for muito curta;

— quando as partes forem facilmente compreendidas durante a apresentação do assunto central;

— quando for interessante não revelar qual a sequência da apresentação.

* Ernesto Geisel, *Discursos*, vol. III. Assessoria de Imprensa da Presidência da República, p. 31.

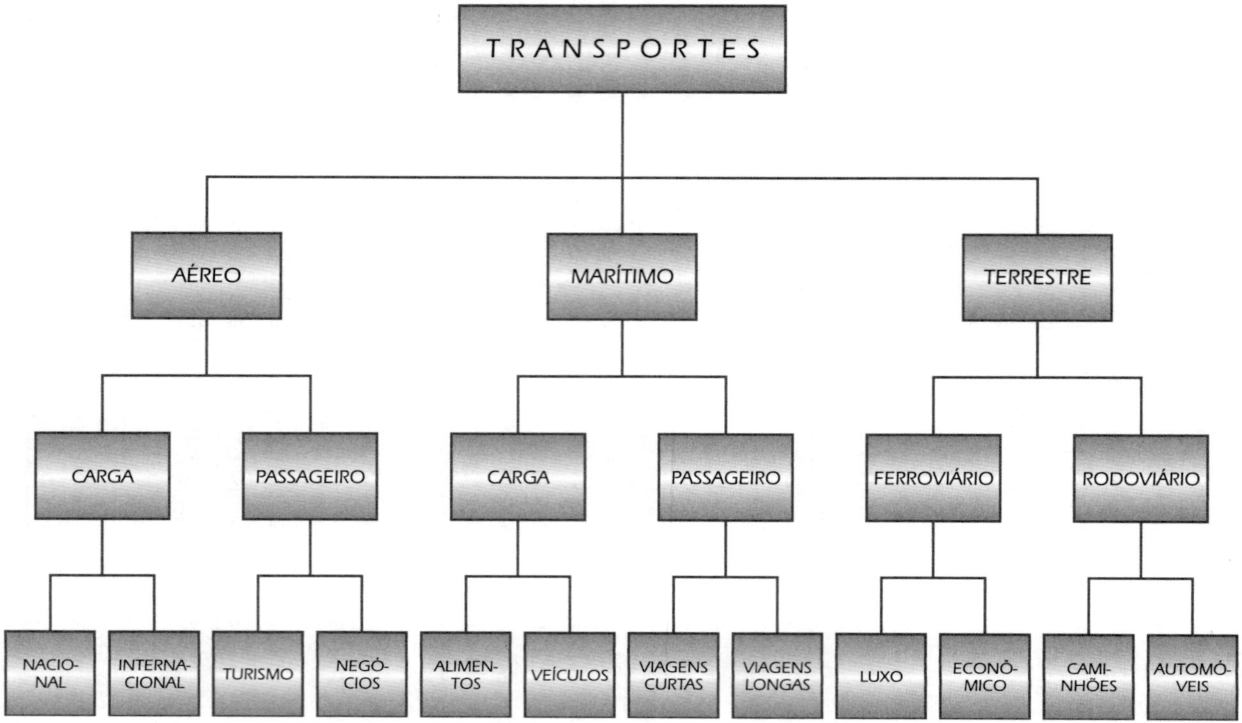
TRANSPORTES
AÉREO
MARÍTIMO
TERRESTRE
CARGA
PASSAGEIRO
CARGA
PASSAGEIRO
FERROVIÁRIO
RODOVIÁRIO
NACIO-NAL
INTERNA-CIONAL
TURISMO
NEGÓ-CIOS
ALIMEN-TOS
VEÍCULOS
VIAGENS CURTAS
VIAGENS LONGAS
LUXO
ECONÔ-MICO
CAMI-NHÕES
AUTOMÓ-VEIS

Quando o assunto tiver apenas uma parte

Se o seu objetivo é indicar a necessidade de desenvolver o assunto com apenas uma parte, é óbvio que o recurso da divisão será suprimido. O exemplo do tema transportes, analisado há pouco, que foi dividido em três partes, poderá ser aproveitado para explicar esse conceito. Se você quisesse falar sobre essa mesma matéria de forma generalizada, comentando seus benefícios, problemas, custos, sem especificar os tipos de transportes existentes, estaria optando pela não divisão do assunto.

Quando a apresentação for muito curta

Em apresentações curtas, o tempo gasto entre o momento em que as partes são indicadas e o desenvolvimento de cada uma delas seria tão pequeno, e esse item de preparação estaria tão próximo do assunto central, que fazer a divisão para informar ao público quais etapas seriam cumpridas se caracterizaria como um procedimento supérfluo.

Quando as partes forem facilmente compreendidas durante a apresentação do assunto central

Um dos principais objetivos da divisão é facilitar aos ouvintes o entendimento das etapas a serem cumpridas durante a apresentação. Ora, se elas forem tão facilmente assimiladas durante o desenvolvimento do assunto central que não indiquem a necessidade do uso desse recurso, ele deverá ser suprimido.

Porém, mesmo que a divisão não seja indicada, convém fazer uma divisão mental, estabelecendo, apenas para si próprio, sem informar aos ouvintes, quais segmentos do assunto pretende desenvolver, facilitando, assim, a ordenação do seu raciocínio.

Quando for interessante não revelar a sequência da apresentação

São diversas as circunstâncias em que não convém revelar aos ouvintes quais as partes do assunto que serão abordadas. Esse procedimento pode-se dar, por exemplo, nos tribunais, tanto por parte dos advogados de defesa como dos de acusação, pois, se informassem qual a sequência da sua linha de raciocínio, em determinadas situações, possibilitariam ao adversário preparar suas objeções antecipadamente.

Fato semelhante pode ocorrer nos debates políticos, nos quais, em alguns casos, os participantes procuram ocultar dos adversários a linha de argumentação a ser adotada.

Também pode ser interessante omitir a sequência da apresentação quando o objetivo for despertar a curiosidade ou manter um clima de suspense na plateia.

ORDENAÇÃO DOS ELEMENTOS DA PREPARAÇÃO

A ordem natural dos elementos da preparação é a proposição, seguida da narração e da divisão. Embora essa deva ser a ordem na quase totalidade dos casos, dependendo da circunstância e desde que essa mudança beneficie a conquista dos objetivos ou facilite o entendimento dos ouvintes, você pode optar por deixar:

— a proposição depois da narração ou da divisão;

— a narração antes da proposição ou depois da divisão;

— a divisão antes da proposição ou da narração.

Haverá oportunidades também em que dois ou até os três elementos precisem aparecer reunidos numa única informação. Nos casos de apresentações muito curtas ou quando não existe necessidade da introdução, é possível que um ou mais elementos da preparação constituam o início da fala. É o que pode acontecer, por exemplo, quando há alusão à circunstância em que a introdução e a proposição formam um único elemento para iniciar a apresentação.

3

ASSUNTO CENTRAL

No assunto central serão aplicados os elementos da preparação, incluídos todos os dados que norteiam a linha de argumentos da sua mensagem, estabelecendo a base de defesa das ideias contra as possíveis objeções dos ouvintes.

São elementos do assunto central:

— a confirmação;

— a refutação.

LOCALIZAÇÃO	
ESQUEMA DE UMA APRESENTAÇÃO	
INTRODUÇÃO	Vocativo Exórdio
PREPARAÇÃO	Proposição Narração Divisão
ASSUNTO CENTRAL	Confirmação Refutação
CONCLUSÃO	Recapitulação Epílogo

A CONFIRMAÇÃO

É na confirmação que você irá utilizar todos os argumentos de que dispõe como apoio ao desenvolvimento do raciocínio para dar uma sequência lógica e concatenada ao assunto. Todos os recursos que puderem auxiliar no trabalho de persuasão e de convencimento dos ouvintes, tornando clara a ordenação do seu pensamento, devem ser incluídos.

São úteis na conquista desses objetivos os elementos de apoio de argumentação, como os exemplos, as comparações, as definições, as estatísticas, os estudos técnicos, os estudos científicos, as pesquisas, as teses, os testemunhos e as ilustrações.

As informações que estabeleceram a razão ou a natureza da mensagem devem, agora, ser naturalmente desenvolvidas. Assim, se você fez a proposição contando para os ouvintes o assunto a ser desenvolvido, chegou o momento de fazê-lo. Se na narração você fez um histórico do assunto, é o instante de falar do presente. Se você levantou um problema, chegou o momento de dar solução a ele. Se você fez a divisão contando quais etapas seriam cumpridas, é hora de cumprir cada uma delas.

As informações da preparação e da confirmação em geral estão muito próximas e podem até aparecer dentro de uma mesma frase.

Se as circunstâncias que cercam a apresentação serviram tanto para conquistar os ouvintes quanto para preparar convenientemente o tema, você poderá ir direto ao assunto central.

Quando o então presidente da Associação Brasileira de Imprensa, Barbosa Lima Sobrinho, entregou o pedido de *impeachment* do Presidente da República Fernando Collor de Mello, as circunstâncias que cercaram sua apresentação tinham sido suficientes para que ele pudesse entrar diretamente no assunto:

> "Senhor presidente da Câmara, senhor presidente do Senado. Quero entregar a Vossa Excelência, como primeiro signatário, o documento que inicia o processo de *impeachment* do presidente da República".*

No estudo da confirmação, serão considerados os seguintes itens:

— métodos de confirmação;

— métodos que facilitam a compreensão do público;

— elementos de apoio da argumentação ou exposição.

MÉTODOS DE CONFIRMAÇÃO

São métodos que orientam a exposição ordenada da mensagem, facilitando o entendimento dos ouvintes. Eles devem ser selecionados de acordo com a natureza de cada

* *Folha de S. Paulo*, 2 set. 1992.

circunstância, considerando sempre os objetivos e o seu conhecimento como orador, bem como o interesse da plateia.

São métodos de confirmação:

— ordenação no tempo;

— ordenação no espaço;

— ordenação de natureza intrínseca;

— ordenação de causa e efeito;

— ordenação pelos prós e contras;

— ordenação pela experiência;

— ordenação pela solução de problemas;

— ordenação crescente.

Ordenação no tempo

Este método indica quando os fatos ocorreram e utiliza informações no passado, no presente e no futuro. Quase todos os assuntos, mesmo os mais recentes, podem ser apresentados por este método.

Ele cria um clima de interesse e expectativa nos ouvintes, que veem no avanço histórico a ideia da novidade, da revelação e da surpresa.

Ao estabelecer a cronologia dos fatos, você não deverá mencioná-los apenas para que uma determinada data ou período sejam cumpridos, pois esse procedimento obrigaria a transmissão de informações que talvez não tivessem tanta relevância ou não motivassem o público. Assim, não seria recomendável colocar informações, rigorosamente, a cada dez anos, só para cumprir um esquema cronológico. Talvez os fatos mais importantes tivessem ocorrido em períodos alternados de sete, nove e quinze anos.

No método da ordenação no tempo, o que deve ser considerado é a importância dos fatos, e não o rigor da cronologia. Por exemplo, poderíamos falar da informática no nosso país, comentando as experiências pioneiras no início da década de 70, o seu desenvolvimento doméstico, com a proteção da reserva de mercado, os rumos dessa atividade a partir da década de 90, com a queda do protecionismo, e como está hoje, com o atual desenvolvimento tecnológico.

Ordenação no espaço

O método da ordenação no espaço indica onde os fatos ocorreram e os analisa de acordo com as circunstâncias que os cercaram naquele local.

Quase todos os assuntos podem ser apresentados por meio desse método, por mais restrita que seja sua localização geográfica.

Ele possui qualidades e vantagens que ampliam de forma extraordinária o campo de observação, possibilitando relacionar os fatos com a história, a cultura e os acontecimentos periféricos do local onde estão sendo considerados. Por exemplo: quando você tiver de discorrer sobre a luta pela aplicação da pena de morte, será possível analisar como esse tema é tratado em diversos países. Poderá associá-lo com a religiosidade do povo, suas tradições, seu grau de violência, a eficácia da sua justiça, e tantos outros aspectos que servirão para sustentar seus argumentos, de acordo com os objetivos almejados.

Ordenação de natureza intrínseca

O método da ordenação de natureza intrínseca indica as diversas facetas que constituem o próprio assunto. A aplicação deste método está subordinada, sempre, aos objetivos que você tiver estabelecido, e deverá decidir também a respeito da conveniência de apresentar o tema discorrendo sobre suas diversas partes e suas consequentes subdivisões. Exceto nos casos já estudados na divisão, as partes de um assunto, geralmente em número de três ou quatro, devem ser mencionadas na preparação, para facilitar o acompanhamento do público.

Por exemplo, depois de indicar, na divisão, que você iria expor sobre poluição sonora, poluição ambiental e poluição visual, passaria a desenvolver as partes isoladamente, até que cada uma fosse completada. É lógico que, se necessitar, ao tratar de poluição sonora, de algum dado próprio da parte de poluição visual, deverá utilizá-lo, desde que seja para favorecer sua mensagem e o entendimento do público.

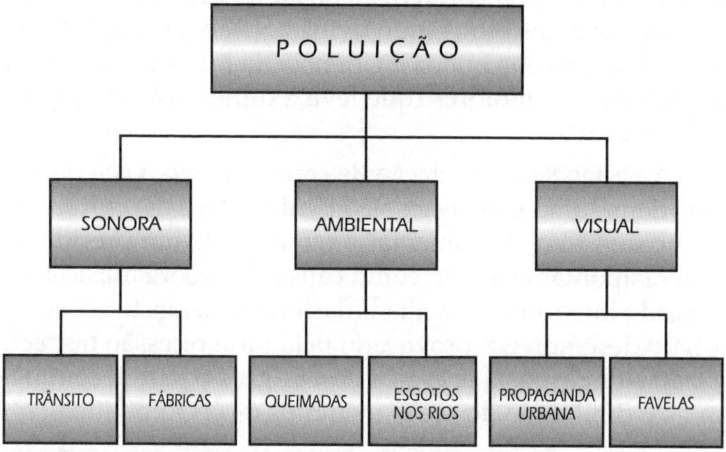

Exemplo de uma montagem de divisão pelo método da ordenação de natureza intrínseca.

Ordenação de causa e efeito

O método da ordenação de causa e efeito indica os motivos que ocasionaram um determinado acontecimento. Nem sempre é possível identificar as causas com facilidade, e uma interpretação incorreta pode comprometer a sua credibilidade como orador, pois, mesmo que o fato seja verdadeiro, se a razão apresentada não encontrar respaldo em dados verídicos ou prováveis, poderá levar o público a supor que toda a mensagem seja falsa.

Esse método tem grande força de persuasão, porque, ao estabelecer e provar que um fato ocorreu com base em uma determinada causa, você estará naturalmente robustecendo seu trabalho de convencimento.

Por exemplo, se você quisesse argumentar que o trabalho de um cirurgião-dentista não poderia ser desenvolvido por tempo prolongado, seria possível dizer que esta é considerada uma das profissões mais desgastantes do mundo, e que os motivos do rápido esgotamento do profissional da odontologia são: a posição desconfortável de trabalho (quase sempre inclinado para a frente, o que provoca problemas na coluna); a constante pressão do reflexo da luminária nos olhos (que reduz a visão, principalmente no olho que recebe maior incidência da luz); elevado ruído da maioria dos motores (que leva à diminuição da capacidade auditiva).

Ao estabelecer a relação de causa e efeito, você poderá considerar, ainda, aspectos econômicos, sociais, culturais e políticos. Assim, ao comentar a renúncia de um presidente, poderá apontar este fato como causa da desorganização do mercado financeiro e da alta inflacionária (aspecto econômico), do desemprego, provocado pela forte recessão (aspecto social) e da resposta enérgica do Congresso para reconquistar a credibilidade dos seus membros (aspecto político).

Ordenação pelos prós e contras

O método da ordenação pelos prós e contras consiste em analisar os dois lados de uma ideia, para tomar ou não partido de um deles.

Decidir-se por abordar um assunto apresentando suas vantagens ou desvantagens dependerá sempre do tipo de público que terá pela frente. Se a plateia comunga com o seu posicionamento, será desnecessário referir-se ao lado da questão de que você discorda, a não ser que o objetivo seja armar os ouvintes com dados que lhes permitam defender sua ideia. Se a assistência for constituída por pessoas que pensam de maneira contrária à sua, será conveniente expor os dois lados, para demonstrar que conhece o problema na sua plenitude e, por isso, tem autoridade para opinar sobre a questão.

A ordenação pelos prós e contras consiste em analisar os dois lados de uma questão.

Se você encontrar um público que ainda não tenha uma opinião formada sobre o assunto, terá duas possibilidades a considerar:

1. Os ouvintes são pessoas bem preparadas — Neste caso, poderá colocar os dois lados da questão e, no final, esclarecer por que é favorável a um deles.
2. Os ouvintes são pessoas incultas — Neste caso, não conviria discorrer sobre os dois lados, porque, tendo eles, em geral, dificuldade de entendimento, poderiam ficar confusos na conclusão do raciocínio. Além disso, muito provavelmente não teriam condições de supor a existência de um outro lado da questão para ser analisado.

A sua opinião sobre o aspecto que considera mais vantajoso poderá ser dada com sutileza, até mesmo pela simples entonação da voz. Ao falar mais entusiasmado sobre o lado que gostaria de ver vitorioso, é possível que esteja também influenciando a opinião do público.

Ordenação pela experiência

O método da ordenação pela experiência consiste em revelar aos ouvintes que você já passou por situações semelhantes àquela que está sendo vivida, ou que, no passado, já teve o mesmo posicionamento que eles têm hoje. Em qualquer um dos casos, a tática é informar como você foi mudando a sua opinião e quais razões o levaram a agir do modo como o faz hoje.

O fato de você ter vivido uma experiência semelhante ou abraçado a mesma causa que os ouvintes lhe dará autoridade para defender uma posição diferente e não ser visto como adversário, já que passaram pela mesma experiência. Entretanto, é preciso tomar cuidado com o grau de envolvimento que o grupo tem com a bandeira que defende, para que não o veja como traidor.

Este método também pode ser utilizado nos casos em que não exista posição contrária da plateia. O relato da experiência serviria para mostrar como você amadureceu as ideias e se posicionou com sua linha de pensamento.

Ordenação pela solução de problemas

O método da ordenação pela solução de problemas consiste em resolver as questões levantadas na narração. É recomendado, principalmente, para os casos em que você deseja convencer ou persuadir os ouvintes a agirem de acordo com as suas propostas. Assim, se quiser aumentar as vendas, induzir ou pôr fim às greves, fortalecer a produtividade, poderia apresentar uma questão que atingisse a empresa, comprometesse a segurança ou o futuro dos funcionários, para depois estabelecer quais os objetivos que almeja como solução ao problema.

Este é um método muito utilizado pelos candidatos políticos, que costumam apontar os problemas da população e, em seguida, propor soluções, que só serão possíveis se eles forem eleitos, evidentemente.

Na maioria das vezes em que este método de apresentação é utilizado, o procedimento a seguir é quase o mesmo:

— levantar um problema;

— apresentar a solução;

— pedir que os ouvintes ajam de acordo com a proposta.

Ordenação crescente

O método da ordenação crescente consiste em expor a mensagem partindo das informações menores ou básicas até chegar às maiores ou complexas. Assim, você poderá iniciar a apresentação do assunto falando da sua casa, em seguida do bairro, da cidade, do estado e, finalmente, do país.

O objetivo de colocar no início as informações básicas e mais fáceis de serem compreendidas é o de construir, dentro de uma abordagem crescente, uma linha de raciocínio que possa ser acompanhada sem esforços pelo público. Além dessa vantagem, ao colocar os dados de mais fácil entendimento no início, poderá estabelecer princípios e premissas que, se aceitos, tornarão o público mais predisposto a concordar com as conclusões.

MÉTODOS QUE FACILITAM A COMPREENSÃO DO PÚBLICO

Você já viu que o poder de concentração dos ouvintes é limitado e que qualquer dificuldade que tenham para entender a mensagem poderá distraí-los do tema. Portanto, o trabalho de interpretação e esclarecimento tem de ser sempre seu: como orador, cabe a você a tarefa de tornar simples os dados mais complexos, associar e comparar as mensagens novas com outras conhecidas, possibilitando, assim, ao público, o entendimento do assunto.

Alguns métodos que facilitam a compreensão da mensagem:

— a visualização de medidas;
— a imagem extensiva;
— os elementos de transição;
— o uso das ilustrações.

Visualização de medidas

Para a maioria das pessoas, é sempre difícil interpretar o significado de medidas que não fazem parte do seu campo de conhecimento ou de observação no dia a dia. Sempre que você se deparar com mensagens que apresentem essa dificuldade de compreensão, deverá compará-las com medidas semelhantes que possam ser compreendidas com rapidez pelo público. Esse é um método bastante utilizado por jornais e revistas, com o objetivo de tornar instantaneamente identificáveis e compreensíveis as informações que publicam.

Observe como a revista *Veja* utilizou o método da visualização de medidas para facilitar a seus leitores o entendimento de alguns números de uma campanha eleitoral:

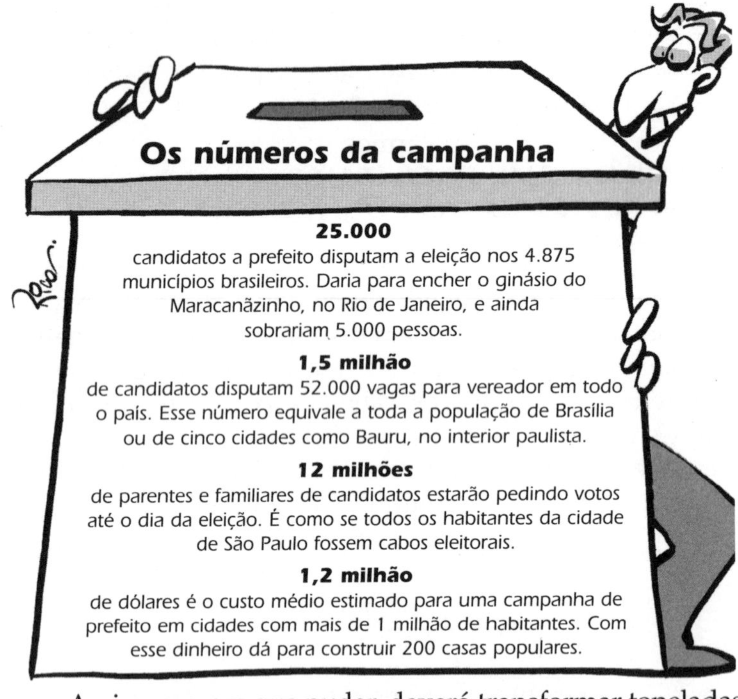

Assim, sempre que puder, deverá transformar toneladas de asfalto em distância de estrada entre duas cidades conhecidas; quantidade de lâmpadas em lâmpadas suficientes para iluminar tantas avenidas conhecidas; quantidade de cimento em cimento suficiente para construir um determinado número de estádios de futebol ou ginásios de esportes conhecidos.

Este método pode ser utilizado em qualquer tipo de apresentação, mas mostra maior utilidade naquelas que têm o objetivo de informar.

Imagem extensiva

Consiste em pôr o que você pretende transmitir no contexto de uma imagem que, por comparação, dê ao público a força do significado que quer expressar. Por exemplo, se você quisesse falar dos problemas econômicos do país, poderia fazer uso da imagem de um barco navegando em águas revoltas, para que os ouvintes sentissem a força do significado da informação. Assim, seria possível dizer: "Neste momento, em que o barco da economia do nosso País atravessa as águas mais revoltas e imprevisíveis que já encontrou ao longo da história, precisamos segurar o leme com mãos firmes e responsáveis, para sobrepujarmos a tormenta e, no futuro, podermos navegar em águas mais tranquilas e serenas".

Elementos de transição

São palavras ou frases que servem para ligar de forma suave as ideias ou as partes da apresentação, objetivando esclarecer os ouvintes sobre a interdependência das informações e motivá-los a seguir atentos todo o discurso, em especial o meio, em que a curva de interesse decresce sensivelmente.

Essas transições, além de facilitar o entendimento dos ouvintes, criam constante expectativa em relação às mensagens subsequentes, passando ao público uma ideia de evolução do assunto, prendendo, assim, seu interesse até o final. O uso deste precioso recurso permite a você, pela ideia de organização que demonstra, conduzir o assunto com autoridade.

Alguns dos elementos de transição são:

— **as perguntas:** O que ocorreu a partir dessa decisão? Qual a atitude tomada? Qual o caminho a seguir a partir dessa conclusão?

— **as indicações de sequência:**

- **com frases:** "Passemos agora para um dos pontos mais importantes do relatório"; "Chegou o momento de revelar as causas do problema"; "Passemos à complementação da ideia".

- **com expressões:** "Enquanto isso", "consequentemente", "todavia", "concluindo", "desta forma", "assim sendo", "portanto" etc.

— **o resgate de informações:** "Conforme já tivemos oportunidade de observar quando falamos sobre as aplicações financeiras"; "Da mesma forma como já observamos no início da exposição".

— **a mudança de foco como elemento de transição:** Ao passar de uma sequência importante para outra, você poderá reacender o interesse do público, mudando o foco de atenção dessas pessoas. Depois de algum tempo concentrado numa linha de raciocínio, o ouvinte pode ter dificuldade para continuar atento, por maior que seja seu interesse em seguir a exposição. Ao passar para uma informação nova, você poderá fazer uso da movimentação do corpo, saindo do tablado da tribuna, por exemplo, e dirigindo-se até a plateia, ou sentando com naturalidade na ponta de uma mesa, durante reuniões mais informais, ou, ainda, se locomovendo até o meio do auditório. Desde que utilizado moderadamente, este recurso provocará uma mudança no foco de atenção do ouvinte, recobrando seu interesse, como se ele estivesse diante de um fato novo.

Sentar na mesa para mudar o foco de atenção.

Outra forma muito eficiente para mudar o foco da atenção é o uso de recursos audiovisuais. Ao mostrar a projeção de um *slide* ou de uma transparência, o foco de atenção do público se desloca para as informações projetadas na tela. Quando os visuais são retirados, a atenção retorna para você.

Você poderá ainda mudar o foco de atenção da plateia, que se encontra viciado, interrompendo a linha de raciocínio e, antes de apresentar um novo tópico, como recurso de transição, fazer comentários sobre a presença de um ouvinte, ou contar histórias interessantes, até sem relação com o assunto, para que o pensamento do público, que começa a se perder, volte para o ambiente e se concentre novamente no tema.

Uso de ilustrações

A ilustração é uma história verdadeira ou imaginada que você poderá contar aos ouvintes para que compreendam melhor os argumentos transmitidos. Ela não substitui a linha de argumentos, apenas objetiva tornar claro o que já foi informado. Serve, portanto, para esclarecer melhor o que você informou.

Servem como ilustrações as fábulas, as parábolas e as narrações históricas, que se constituem numa espécie de luz sobre os argumentos. Evite as ilustrações que se baseiam em histórias muito conhecidas e bastante utilizadas, porque elas não estimulam o interesse do público, podendo até mesmo enfraquecê-lo.

Tome cuidado redobrado com as ilustrações se precisar falar em situações que exijam muita objetividade, pois as histórias, de maneira geral, consomem muito tempo. Por isso, nessas circunstâncias, dê preferência aos exemplos, que, por nascerem do próprio assunto, se constituem em argumentos. Normalmente são mais curtos e, por isso, mais apropriados para falas que precisam ser mais rápidas.

— Ordenação no tempo
— Ordenação no espaço
— Ordenação de natureza intrínseca
— Ordenação de causa e efeito
— Ordenação pelos prós e contras
— Ordenação pela experiência
— Ordenação pela solução de problemas
— Ordenação crescente

A ilustração ilumina os argumentos utilizados nos métodos de confirmação.

ELEMENTOS DE APOIO DA ARGUMENTAÇÃO OU EXPOSIÇÃO*

Durante o trabalho de escolha das informações a serem utilizadas na apresentação, você fez o levantamento de dados que pudessem dar apoio e consistência aos seus argumentos ou a sua exposição. Agora, além de esclarecer os ouvintes sobre a forma como você pensa, eles servirão também como prova para as afirmações que fizer.

Os principais elementos de apoio da argumentação ou exposição são:

— os exemplos;

— os testemunhos;

— a estatística;

— a definição.

Lembre-se de que os elementos de apoio da argumentação e da exposição são utilizados nos diversos métodos de confirmação e, por isso, também podem ser mais facilmente compreendidos com o auxílio de ilustrações.

* Na sua obra *A arte de escrever*, publicada pela Editora Saraiva, o Prof. Silveira Bueno ressalta a importância de se observar a diferença entre a argumentação e a exposição. Ensina o mestre que, "quando raciocinamos, enumerando longa ou rápida série de argumentos com o fito de convencer alguém da verdade ou da falsidade de um assunto, não fazemos nada mais que argumentar. A argumentação difere da exposição, pois nesta relatamos apenas um fato ou expomos uma teoria, um sistema, com o interesse único de sermos entendidos" (p. 185).

Os exemplos

O exemplo é um dos argumentos mais eficazes na tarefa de convencer os ouvintes, porque é extraído da própria matéria tratada, e induz, pela sua evidência particular, à aceitação do quadro geral como verdadeiro.

Exemplo

"Andar pelo centro da cidade tem se tornado muito perigoso; esta semana, duas pessoas foram assaltadas em plena luz do dia."

Suprima os exemplos polêmicos e controvertidos da sua linha de argumentação, porque, se os ouvintes não concordarem com eles, o raciocínio todo poderá ser rejeitado.

Os testemunhos

O uso de testemunhos dá crédito à linha de argumentos, pois os ouvintes, acatando a sua autoridade ou a justeza das suas afirmações, tenderão a aceitar a tese exposta como verdadeira. Os homens reconhecidamente sábios, as celebridades, as pessoas de bem, os especialistas podem ser considerados bons exemplos para testemunhos. Na oratória sacra são utilizados, em especial, os testemunhos divinos, como a palavra de Deus, da Bíblia, dos santos etc.

A estatística

O estudo estatístico, quando for de boa origem e bem fundamentado, poderá ser de grande utilidade na tarefa de convencer ou persuadir. A estatística deverá traduzir as informações em uma linguagem compreensível para o público e ser pertinente tanto ao assunto como aos objetivos que você estabeleceu. Se ela puder ser reproduzida por gráficos, convém considerar a possibilidade de apresentá-la com recursos visuais.

Procure fazer uso de dados estatísticos levantados por instituições idôneas e que possam ser comprovados, pois, se a instituição que produziu os dados tiver sua credibilidade contestada ou os números apresentarem incorreções, sua linha de argumentação poderá ficar comprometida.

Veja o exemplo desta estatística, publicada em forma de gráfico pelo jornal *Folha de S. Paulo*, com informações sobre o ensino estadual em São Paulo:

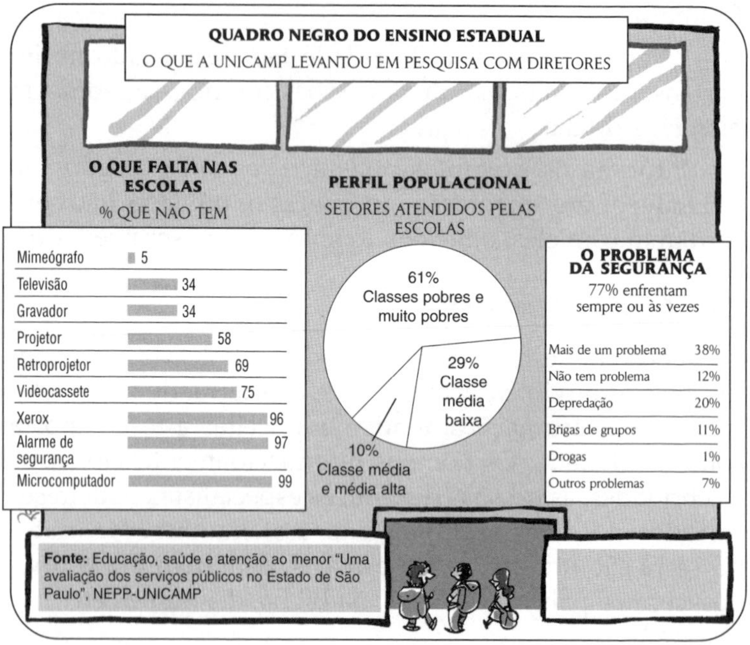

Precavenha-se com a atualidade dos dados estatísticos para observar se já não estão ultrapassados. O fato de a estatística ser recente não significa que ela seja atualizada ou representativa, pois o levantamento, embora sendo o último, poderá ter sido realizado há tanto tempo que o resultado talvez esteja defasado.

Também poderão ser usados como elementos de apoio da argumentação ou exposição: os estudos técnicos, os estudos científicos, as pesquisas, as teses e outros que possam servir como argumentos para orientar o raciocínio da plateia a respeito da sua maneira de pensar e como prova para as ideias que defende. Também nesses casos a idoneidade da instituição que divulgou as informações e a correção dos dados precisa ser sempre considerada.

A definição

A definição esclarece e identifica uma ideia, tornando-a clara e compreensível para os ouvintes. A partir do momento em que o público entende e aceita a definição, estará mais predisposto a concordar com toda a ideia.

O deputado Sebastião Nery, por exemplo, usou o recurso da definição no discurso que fez durante o grande expediente da sessão da Câmara Federal:

> "Política, nós sabemos, é o ofício do bem-comum. Vem do grego *poly*, muitos, diversos. E também vem do latim *polis*, a cidade, o povo.
>
> Política é a tarefa de servir a muitos, à cidade, ao povo. O político é o tarefeiro do bem-comum".*

Recomendações especiais

Veja, a seguir, algumas recomendações especiais para os elementos de apoio da argumentação ou exposição:

— a ordem dos argumentos;

— o cuidado com os excessos.

A ordem dos argumentos

A ordem dos argumentos dependerá sempre da sua qualidade.

Se todos forem fortes, deverão ser apresentados isolados, para que o público possa perceber a consistência de cada um.

Se todos forem fracos, deverão ser apresentados juntos, para que a força da união possa torná-los mais consistentes, e a falta da qualidade seja compensada pela quantidade.

* *O Estado de S. Paulo*, 16 maio 1986.

Se tiverem qualidades diferentes, você não poderá iniciar com o melhor, porque os outros parecerão muito frágeis, podendo até arrefecer o interesse do público. Da mesma forma, não deverá iniciar pelo mais frágil, porque haverá o risco de a plateia se desinteressar e não ouvir os melhores, que virão depois. Uma solução recomendada é escolher um bom argumento, não o melhor, para ser o primeiro e, assim, impressionar bem os ouvintes logo no princípio. Você usará os outros, então, em escala crescente de importância, partindo do mais fraco até culminar com aquele que considerar mais importante e até irrefutável.

O cuidado com os excessos

Tive um colega de mestrado que conhecia profundamente as obras de Paul Valéry. E por dominar tão bem os temas tratados pelo autor, gostava de citá-lo sempre que tinha oportunidade. No início todos nós achávamos interessante seu domínio sobre o estilo e os temas abordados pelo poeta francês. Entretanto, com o passar do tempo, ficou evidente que os colegas já não aguentavam mais ouvir falar em Paul Valéry. Ou seja, aquelas citações que haviam destacado nosso colega de classe acabaram por torná-lo um comunicador insuportável. Essa paixão excessiva pelo escritor escravizou-o de tal maneira que todos os assuntos precisavam necessariamente passar por um trecho de uma das obras do autor que ele tanto admirava.

Se, por um lado, a paixão por uma causa, por uma ideia ou por uma pessoa pode produzir energia, disposição, determinação, por outro pode também tornar a pessoa apaixonada escrava e dominada por esse sentimento. Não é diferente com a comunicação, desde uma causa que você possa abraçar até a maneira de defender uma ideia ou um ponto de vista.

Ao defender uma ideia, utilize com habilidade os argumentos que tiver à disposição, mas tome muito cuidado para não se apaixonar de forma demasiada por um deles. Se você exagerar no uso de um argumento para defender uma ideia, correrá o risco de repeti-lo tantas vezes que acabará por enfraquecê-lo.

Um bom argumento não precisará de muitas repetições para que possa ser notado, pois, ao ser citado, todos perceberão sua importância. No momento apropriado, se sentir necessidade de repeti-lo, procure usar palavras diferentes, como se estivesse analisando a ideia por um ângulo distinto.

Outro cuidado importante na exposição de um argumento forte e poderoso é o de prepará-lo adequadamente antes de ser apresentado. Deve ser como uma fruta pronta para ser colhida. Se for apanhada antes do tempo, estará verde e sem condições de ser consumida. Se, ao contrário, permanecer por tempo muito prolongado no pé e ficar madura demais, também não poderá mais ser aproveitada. E essa preparação não deverá ser apenas do argumento dentro da mensagem, mas principalmente com relação aos ouvintes, que precisarão estar prontos para recebê-lo no instante mais apropriado. Talvez fosse possível afirmar que tão importante quanto o peso de um argumento é o momento de apresentá-lo e a maneira moderada como será repetido.

A inteligência e a razão deverão prevalecer para que a ansiedade não ponha tudo a perder. Quando temos consciência da força e do poder do nosso argumento, a tendência é querer apresentá-lo o mais rápido possível para que nossa ideia seja vencedora. Entretanto, essa precipitação poderá fazer com que nossa causa seja prejudicada por ser defendida com a arma mais preciosa no momento indevido. E, quando cometemos esse deslize, somos impelidos a repeti-lo muitas vezes, como se quiséssemos mostrar aos ouvintes como estávamos apoiados por uma razão que eles não estavam conseguindo enxergar.

Fique atento e seja cuidadoso o tempo todo ao usar seu argumento mais forte. Apresente-o no instante mais adequado, para que os ouvintes possam apreciá-lo na sua plenitude, e evite repeti-lo muitas vezes, para que não seja enfraquecido.

A REFUTAÇÃO

Depois de desenvolver toda a linha de argumentação, você precisará defendê-la de possíveis ataques. O auditório poderá apresentar objeções expressas ou tácitas a seus argumentos. Se forem expressas, poderão ser refutadas a partir da manifestação dos ouvintes. Se forem tácitas, como o ouvinte não se pronuncia a respeito, caberá a você imaginar que tipo de objeção a plateia estaria levantando e fazer a refutação correspondente.

O risco que você correrá, ao imaginar que os ouvintes possuem determinada objeção, é o de se enganar e não haver ninguém pensando naquele problema. Neste caso, estaria fornecendo à plateia armas que poderiam ser usadas contra você mesmo. Uma questão interessante para ser analisada é: que atitude tomar no caso de dúvida, isto é, de não ter certeza se a objeção existe ou não? Se a objeção existir e você não a considerar, dificilmente conseguirá convencer a plateia das suas ideias, porque, enquanto ela não for removida da mente dos ouvintes, eles não concordarão com você. Se, entretanto, a objeção não existir e você fizer uma avaliação incorreta na tentativa de refutá-la, imaginando que o público tenha uma resistência que precisa ser afastada, estará levantando um problema para o qual, talvez, nem tenha uma boa defesa.

A solução, neste caso (provavelmente o mais comum de ser encontrado), é reforçar a linha de argumentos.

Um produto resistente e leve.

Por exemplo, em vez de dizer "Vocês devem estar pensando que este secador de cabelos, por ser extremamente leve, é também muito frágil", poderia argumentar da seguinte forma: "O material usado na fabricação deste secador de cabelos é muito resistente e passou em todos os testes realizados. Além disso, é um produto leve e de fácil manuseio".

Desse modo, seria apresentada uma sequência de dois argumentos, o que é muito mais vantajoso do que você se valer de um argumento e uma tentativa de refutar uma objeção que talvez nem exista.

Quanto à refutação, leve sempre em conta:

— o momento de refutar;

— as formas de refutar;

— a refutação de acordo com a qualidade dos argumentos.

O MOMENTO DE REFUTAR

Se a objeção for feita para um argumento específico, a refutação deverá ser imediata. Se for feita para todos os argumentos ou um grande número deles, deverá ocorrer logo após a ideia ser apresentada.

Entretanto, se você pressentir que, inevitavelmente, a plateia apresentará objeções, desde o início já poderá tentar enfraquecê-las; assim, quando terminar a argumentação, será mais fácil afastar a resistência remanescente.

AS FORMAS DE REFUTAR

Se os argumentos contrários se basearem apenas em hipóteses, sem provas concretas, a refutação poderá ser feita pela negativa das afirmações.

Porém, se a tese contrária se sustentar em documentos, a refutação deverá ser feita com alegações (se forem procedentes) sobre a qualidade do texto, demonstrando, por exemplo, que sofreu rasuras ou foi adulterado e que, portanto, não pode ser aceito como autêntico. É possível ainda questionar o estilo, que, pela sua ótica e experiência, se apresenta diverso do utilizado normalmente pelo suposto autor.

Se os argumentos se fundamentarem em semelhanças, podem ser refutados com base na impropriedade da comparação estabelecida. Assim, as semelhanças próprias dos animais ou das coisas inanimadas não podem ser atribuídas ao homem; os exemplos de outro país poderão não servir para o nosso, pois você poderá alegar que a cultura e as circunstâncias que cercam aquele povo diferem bastante da sua realidade; os exemplos históricos poderão não servir para o nosso tempo, pois você poderá dizer que, na época em que os fatos ocorreram, as condições eram totalmente diversas das que temos hoje. Ainda no exemplo histórico, se houver alguma dúvida quanto a sua veracidade, você poderá tomá-lo como falso ou como tendo caráter fabuloso.

A REFUTAÇÃO DE ACORDO COM A QUALIDADE DOS ARGUMENTOS

Estabeleça o plano de refutação de acordo com a qualidade dos argumentos contrários.

Se todos os argumentos forem fracos, separe-os e refute-os um a um, porque eles só conseguem alguma consistência quando juntos; separados, tornam-se inconsistentes e podem ser facilmente destruídos. Entretanto, se a fragilidade da argumentação for muito acentuada, você poderá contestar todos ao mesmo tempo.

Se todos os argumentos forem fortes, a não ser que a sua refutação seja muito poderosa para derrubá-los um a um, deverá tentar rebatê-los simultaneamente, para procurar, com a força da emoção, romper a estrutura lógica da tese contrária.

Se os argumentos tiverem qualidade diferente, refute primeiro os mais fortes, deixando os mais frágeis para o final. Assim, você terá chance de, ao vencer o mais frágil, que ficou por último, induzir o público a pensar que os anteriores também não tinham consistência e devem ser desconsiderados.

Exemplo de refutação

Observe como o deputado Roberto Jefferson procurou refutar os argumentos utilizados na CPI que acusou o ex-presidente Fernando Collor de Mello de ter envolvimento com o empresário Paulo César Farias, nos atos de corrupção:

> "O furor acusatório da CPI, na expectativa de fazer o terceiro turno eleitoral, cheia de ressentimentos, cheia de revanchismo, buscando punir a vitória pela minoria derrotada, rasgou os dispositivos constitucionais, desrespeitou a lei ordinária, transformou a CPI do PC no açoite contra a figura do Presidente da República.
>
> Não se enganem aqueles que essa demonstração que foi dada hoje, que esse ato praticado de rasgar a Constituição vai atalhar também quem chegar à Presidência e não trouxer a maioria absoluta no Congresso, porque não terá condições de governar, porque outras CPIs como esta estarão no seu caminho, não para apurar irregularidades, mas pelos preconceitos ideológicos, pelas posições doutrinárias em contrário".

4
CONCLUSÃO

LOCALIZAÇÃO	
ESQUEMA DE UMA APRESENTAÇÃO	
INTRODUÇÃO	Vocativo Exórdio
PREPARAÇÃO	Proposição Narração Divisão
ASSUNTO CENTRAL	Confirmação Refutação
CONCLUSÃO	Recapitulação Epílogo

Chegou o momento de encerrar o discurso. Foi um longo caminho desde os primeiros passos, com a escolha do assunto, o estabelecimento dos objetivos, o estudo das características do público, a pesquisa de informações, até a apresentação diante da plateia, com a introdução, a preparação e o assunto central.

Quando você chegar à conclusão, terá um reduzido tempo pela frente. Se a introdução tem de ser curta, a conclusão deve ser ainda menor. Mas, se o tempo que você tem para cumprir é pequeno, não significa que há pouco a ser feito; ao contrário, muito ainda deverá ser realizado. Tanto assim que certas apresentações, estando condenadas ao fracasso, puderam ser salvas pela conclusão, embora esse não seja o seu objetivo. Normalmente a conclusão deve ser o coroamento da qualidade do discurso.

Ao chegar à conclusão, os ouvintes já devem estar convencidos das suas ideias e prontos para abraçá-las. Aguardam apenas as últimas orientações para saber como agir. Por isso, você não poderá deixar de cumprir essa tarefa tão necessária — fazer com que a plateia reflita ou aja de acordo com as suas propostas.

No estudo da conclusão, serão considerados:

— recapitulação;

— epílogo.

Mas antes do desenvolvimento dos dois itens que compõem a conclusão, convém observar uma sugestão que poderá ser bastante útil no momento de concluir.

CONTE AOS OUVINTES QUE IRÁ ENCERRAR

Essa é a única parte da apresentação que pode ser anunciada. A introdução, a preparação e a confirmação devem ter passagens imperceptíveis de uma para a outra, como se formassem uma só peça indivisível.

Ao dizer que irá concluir, empenhe-se em realmente finalizar, para que o auditório não fique frustrado e não haja o risco de comprometer todo o trabalho desenvolvido durante a apresentação. Mesmo que se lembre de algum dado que deveria ter sido incluído, resista e não o introduza no momento de encerrar. Por mais importante que fosse, é provável que produzisse mais prejuízos que vantagens. A não ser, evidentemente, que a sua falta pudesse comprometer os objetivos que nortearam a apresentação. E, se fosse tão relevante assim, é quase certo que teria sido incluído.

Desde que não elimine informações essenciais no desenvolvimento do raciocínio, não se incomode por reduzir um pouco a apresentação. Nunca soube de um auditório que tenha ficado aborrecido pelo fato de um discurso ser encerrado antes do tempo previsto.

MOTIVOS PARA VOCÊ CONTAR QUE VAI ENCERRAR

Os principais motivos para que você conte à plateia que irá encerrar sua apresentação são:

- **A concentração aumentará** — quando os ouvintes sabem que a apresentação será encerrada, há aumento de interesse, porque esperam que nesse momento seja feita uma rápida revisão das ideias apresentadas. Assim, se perderam ou não acompanharam bem alguma informação, distraídos pela dificuldade de entendimento ou por qualquer outro motivo, terão a chance, agora, no momento da conclusão, de ouvir a mensagem perdida ou compreendê-la melhor. Além disso, existe uma curiosidade natural do público em saber que tipo de encerramento será feito.

- **O auditório gostará** — por mais interessado que o público esteja na mensagem e por melhor que seja seu desempenho como orador, depois de receber as informações que desejava, os ouvintes gostarão de saber que o discurso será encerrado e ficarão mais atentos às palavras finais.

Os ouvintes gostarão de saber que você vai encerrar.

- **Os grandes oradores agem assim** — tenho colecionado gravações com discursos dos maiores oradores do nosso tempo, pois deles extraímos a teoria para ensinar os alunos do nosso Curso de Expressão Verbal. A quase totalidade desses discursos contém avisos de que seriam concluídos, como "Ao concluir minhas palavras"; "E, para encerrar"; "No momento de encerrar esta apresentação"; "Chegou a hora de encerrar"; "Antes de me retirar desta tribuna, gostaria de dizer que"; "Quando chega o momento de concluir"; "E, no instante em que encaminho as minhas palavras para o final", entre outros.

Ora, se os grandes oradores, aqueles que nos servem de exemplo, avisam que vão encerrar a sua fala, por que não os seguir?

RECAPITULAÇÃO

É a parte da conclusão em que, em uma ou duas frases, você contará para os ouvintes o que já falou. É uma espécie de resumo da essência do assunto abordado.

Uma grande vantagem desse recurso é que, ao resumir o conteúdo da mensagem, você associa os argumentos mais importantes e amplia o poder de persuasão.

Na recapitulação, você faz exatamente o oposto do que foi feito na proposição: lá, você contou sobre o que iria falar; aqui, conta sobre o que já havia falado.

Ao comparar a recapitulação com a proposição, você poderá constatar que recapitular consiste em expor, em uma rápida mensagem, o que o público precisaria recordar depois de encerrada a apresentação, e não em repetir todas as partes já vistas, pois esse procedimento seria desnecessário e até cansativo.

Considere também que, se a linha de argumentos utilizada for simples e curta, a recapitulação poderá ser suprimida.

Para entender melhor a recapitulação e se lembrar sempre de como deverá agir numa apresentação, guarde estas três orientações fundamentais para a exposição de uma mensagem:

1ª	Conte sobre o que vai falar.
2ª	Fale.
3ª	Conte sobre o que falou.

Exemplo

Veja como Mário Covas fez a recapitulação do discurso em que se defendeu de uma matéria publicada por uma revista:

"Mas, se eu puder transmitir algo, que imagino profundamente verdadeiro, aos meus companheiros desta casa, é que houve uma razão básica para eu fazer esse discurso. Certamente não foi a primeira vez que insinuações, embora nem sempre deste teor, tenham sido destinadas a mim, em colunas e em jornais. Tenho para mim o privilégio e a honra de nunca ter reclamado junto ao jornal ou a algum jornalista alguma coisa que tenha dito a meu respeito. A primeira vez que fiz, o fiz porque o leitor estava recebendo uma informação mentirosa".*

EPÍLOGO

O epílogo é o seu último momento diante do auditório. Nessa fase da conclusão, as palavras precisam ser dirigidas mais para o sentimento do que para a razão. Até porque de nada adiantaria tentar se valer da lógica, da razão e do raciocínio nesse momento de concluir, pois se esses recursos não conseguiram envolver a plateia até a recapitulação, não será no epílogo, nas últimas frases, que a argumentação racional exercerá algum tipo de influência nos ouvintes.

No epílogo, você deverá recorrer ao patético, que é um recurso legítimo da comunicação, com o objetivo de sensibilizar emocionalmente os ouvintes.

Durante todo o discurso, existindo condições favoráveis, você pode incluir doses de emoção para facilitar o trabalho de convencimento do público, porém o momento mais indicado e propício para a emoção mais forte é o epílogo.

Se, entretanto, ao encerrar, sentir o auditório frio e não receptivo a mensagens emocionais, você deverá considerar esse estado de espírito e concluir com informações leves, que não forcem a emoção além da que a plateia está preparada para receber.

* Discurso pronunciado na sessão de 28 de maio de 1992.

Por mais forte e consistente que seja a mensagem selecionada para o epílogo, ela não alcançará seus objetivos se não for transmitida com inflexão de voz própria para o fechamento. Devido ao seu uso inadequado, quantas vezes foi possível observar oradores que, ao concluírem suas apresentações, não deram a impressão de estar encerrando, mas, sim, de que continuariam falando.

Você poderá concluir as apresentações de duas maneiras: aumentando a velocidade e a intensidade da fala; diminuindo a velocidade e a intensidade da fala.

Por exemplo, aumentando a velocidade e a intensidade da fala, você deverá ir diminuindo as pausas, como na representação gráfica abaixo:

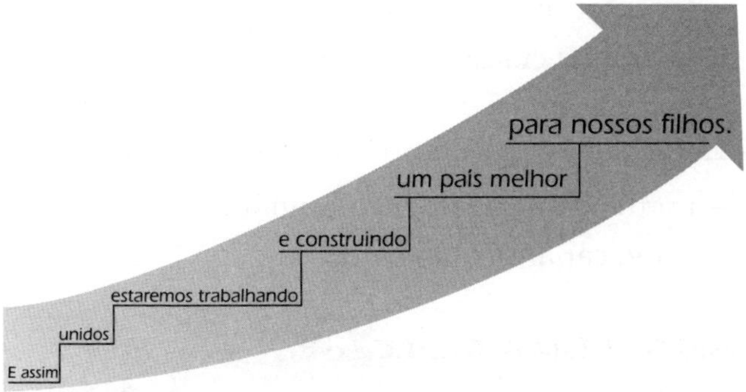

Já diminuindo a velocidade e a intensidade da fala, você deverá ir aumentando as pausas, como ilustra o gráfico abaixo:

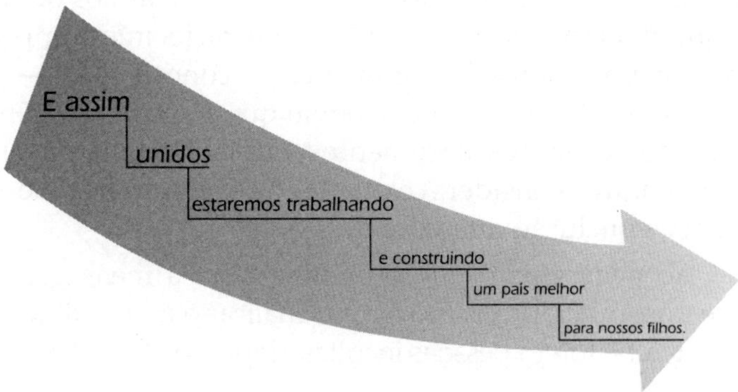

O "obrigado" no final é, quase sempre, uma forma de você dizer que terminou de falar; contudo, se a inflexão de voz for correta, esse recurso nem será necessário para encerrar.

Ainda quanto à conclusão, considere:

— as formas de concluir;

— outras formas recomendadas para o fechamento;

— alguns cuidados a serem tomados.

AS FORMAS DE CONCLUIR

Praticamente todas as formas recomendadas para a introdução da fala servem também para a conclusão. São elas:

— levantar uma reflexão;

— usar uma citação ou frase poética;

— pedir ação;

— elogiar o auditório;

— aproveitar um fato bem-humorado;

— provocar arrebatamento.

LEVANTAR UMA REFLEXÃO

Essa talvez seja uma das formas mais utilizadas e eficientes de concluir uma apresentação. À primeira vista, pode parecer que esse tipo de encerramento não leve o público à ação. Entretanto, quando você pedir aos ouvintes — que tiveram seu sentimento e seu raciocínio impregnados por uma linha de argumentação concatenada — para refletirem sobre o assunto, é óbvio que tirarão suas conclusões com base nos argumentos que acabaram de ouvir, aumentando, consideravelmente, as chances de que cheguem à conclusão que você deseja.

Ao pedir que o público reflita sobre a mensagem que você transmitiu, precisará sempre analisar o nível cultural dos ouvintes. Se forem pessoas incultas, depois de levantar a reflexão, você deverá concluir por elas, pois o baixo nível de entendimento e a dificuldade de raciocínio dificilmente permitiriam que tirassem conclusões sobre o assunto. Se forem pessoas bem preparadas, não existe essa preocupação, pois o bom nível cultural e a rapidez de raciocínio permitem que tirem conclusões e até sintam prazer com esse exercício intelectual.

No caso de dúvida sobre se o auditório tem ou não condições de chegar sozinho às conclusões, não convém arriscar: diga aos ouvintes qual é a conclusão.

USAR UMA CITAÇÃO OU FRASE POÉTICA

Esse é um recurso que tem grande poder de comunicação com o sentimento. Até mesmo nas apresentações mais técnicas, a citação ou a frase poética pode ser bem recebida, desde que se relacione com o assunto, fato que, por sinal, deverá ocorrer em qualquer circunstância.

PEDIR AÇÃO

Em geral, apresentar um problema e propor sua solução é, junto com o pedido de reflexão, uma das formas mais utilizadas e que obtém os melhores resultados.

Caberá a você orientar o público exatamente sobre o que pretende ver realizado. Se, por exemplo, pedir aos ouvintes, numa reunião, que preparem informações para utilizá-las num projeto, precisará dizer quais são essas informações e em que prazo deverão ser entregues. Se o pedido for de ajuda financeira a uma determinada causa, precisará dizer qual o valor da contribuição e a forma como devem proceder: se irão a algum lugar específico, ou serão procurados, se pagarão em dinheiro, em cheque etc.

ELOGIAR O AUDITÓRIO

É um recurso amplamente utilizado, com efeitos vantajosos, porque possibilita o encerramento com uma atitude simpática. Entretanto, é preciso ter cuidado para não agir de forma mecânica, com falsos elogios, pois, se o público perceber que eles não foram sinceros, poderá colocar resistência a toda a mensagem, rejeitando até o que já tinha aceitado.

APROVEITAR UM FATO BEM-HUMORADO

Na conclusão, a possibilidade, para você, como orador, de encontrar um dado nascido do ambiente ou do próprio conteúdo da fala que possa ser exagerado transformando-se num fato bem-humorado é muito maior do que na introdução. Durante todo o discurso, muitas informações foram apresentadas, os ouvintes manifestaram-se ou reagiram diante da ocorrência de algum fato e, por isso, o seu campo de observação como orador se ampliou para o aproveitamento de um fato bem-humorado. Se for feliz ao valer-se desse recurso, deixará a tribuna com a admiração do público e maiores chances de fazer com que suas ideias prevaleçam.

PROVOCAR ARREBATAMENTO

Se o auditório foi preparado de modo conveniente para um final arrebatador, essa oportunidade não poderá ser perdida. Além da mensagem forte e vibrante, você deverá, mais do que em qualquer outra circunstância, usar a inflexão de voz apropriada para a grandeza e a emoção desse tipo de fechamento.

OUTRAS FORMAS RECOMENDADAS PARA O FECHAMENTO

Existem ainda outras formas para encerrar uma apresentação:

— aludir à ocasião;

— narrar um fato histórico;

— utilizar uma circunstância de tempo, de lugar ou de pessoa.

ALGUNS CUIDADOS A SEREM TOMADOS

— Evite um dos erros mais graves e mais comuns na conclusão: "Era isso o que eu tinha para dizer. Muito obrigado". Esse tipo de mensagem não possui nenhuma consistência e em nada contribui para valorizar a apresentação ou envolver os ouvintes. Também devem ser afastadas as palavras hesitantes e qualquer outra frase sem significado.

— Não fique parado na frente do público esperando que os aplausos cessem. Saia enquanto as pessoas ainda estiverem aplaudindo.

— Sua atitude, ao sair da tribuna, poderá ser importante no julgamento da plateia. Portanto, mesmo que não tenha ido muito bem ou não tenha gostado do que falou, não revele o seu descontentamento fazendo comentários autodepreciativos ou balançando negativamente a cabeça. Saia da tribuna com a postura e a fisionomia de quem fez uma grande apresentação.

— Ao encerrar, não fique parado na frente do público sem saber o que fazer. Antes do início da apresentação, programe a sua saída, procurando saber se irá se sentar à mesa ou em algum lugar na plateia, se permanecerá em pé ou deverá optar por outra atitude.

Uma pequena dica: se, ao terminar, ainda não tiver descoberto o que fazer, dirija-se de maneira firme em direção ao presidente do evento ou à pessoa encarregada daquele encontro e cumprimente-a.

Se não souber o que fazer, cumprimente quem organizou a reunião.

DICA FINAL

Se, chegando ao final, sentir que o encerramento foi fraco e sem a vibração que desejava, utilize expressões como "assim sendo", "desta forma", "portanto", "espero que", "com isso". Você ficará surpreso com o excelente resultado desse recurso, que automaticamente o levará a uma nova conclusão mais expressiva e eficaz.

Exemplos de conclusão

Veja como John Kerry, quando participou de uma das mais concorridas campanhas presidenciais nos Estados Unidos, encerrou seu discurso na convenção democrata:

> "Este é o tipo de América que vou liderar como presidente: uma América onde estamos todos no mesmo barco.
>
> Nunca houve um momento mais urgente para nós, americanos, nos apresentarmos e nos definirmos. Trabalharei o quanto puder. Porém, meus concidadãos, o desfecho está em suas mãos, mais que na minha.
>
> É hora de buscar o próximo sonho. É hora de olhar. Para o próximo horizonte. Para a América, a esperança está aqui. O sol se levanta.
>
> Nossos melhores dias ainda estão por vir. Obrigado.
>
> Boa noite. Deus os abençoe, e Deus abençoe os Estados Unidos da América".*

Finalmente, eu não poderia encerrar este capítulo sem mencionar o exemplo de conclusão apresentado pelo Dr. Waldir Troncoso Peres, eminente advogado brasileiro, ao receber uma homenagem da Ordem dos Advogados do Brasil. Neste discurso, o brilhante orador fala apaixonadamente do seu amor pela advocacia:

* *O Estado de S. Paulo*, Caderno Internacional, 31 jul. 2004, p. A22.

"Para que vocês compreendam bem;

para que vocês sintam bem que realmente eu interpreto esta homenagem para a advocacia e não a mim;

numa tentativa de integração da advocacia

com o homem;

para que vocês saibam e tenham

consciência de quanto eu amo esta

profissão;

de como obstinadamente eu a quero;

de como ela penetrou todas as emanações do meu espírito e do meu corpo;

eu digo a vocês aquilo que eu tenho repetido sempre;

que eu já pedi aos meus filhos, como última vontade, que me enterrem de beca.

Porque se a vida for contingente e eu amanhã tiver apenas que me mineralizar, pelo menos, eu estarei envolto no suor da minha beca, com a qual honradamente eu ganhei a minha vida.

Mas, se o transcendental existe e se do outro lado alguma coisa nos espera, ainda assim eu quero ser enterrado de beca.

Porque ela, que me ensinou a abrir a porta da cadeia, haverá de me ensinar a abrir a porta do céu.

Muito obrigado".*

* Ao término deste discurso proferido de improviso em 19 de dezembro de 1989, ao receber a distinção da espada e balança da Ordem dos Advogados do Brasil, de São Paulo, o Dr. Waldir Troncoso Peres recebeu aplausos prolongados. (Discurso anotado sem a revisão do orador.)

POUCO MAIS DE DUAS PALAVRAS FINAIS

Com a leitura deste livro você pode adquirir uma ferramenta preciosa, para tornar suas apresentações cada vez mais eficientes.

Por mais que tenha procurado aprender cada uma das partes, uma leitura só não será suficiente para dominar todo o conteúdo, pois são inúmeros os detalhes que podem passar despercebidos nos primeiros contatos com o assunto.

Por isso, volte ao texto quantas vezes puder e estude-o com dedicação e perseverança.

Minha experiência com os milhares de alunos que passam pela nossa escola demonstrou que, no primeiro contato com a matéria, eles ficam surpresos ao se depararem com a praticidade dos conceitos. Entretanto, quase todos dizem que são muitos itens e que talvez não consigam se lembrar de todas as informações na hora de falar diante da plateia. Depois dos primeiros exercícios eles mudam de opinião, pois percebem que a maneira de ordenar a sequência da apresentação é bastante lógica e que poderão aplicá-la naturalmente em qualquer circunstância.

Por isso, no intuito de facilitar seu aprendizado, desenvolvi exercícios de fixação, uma proposta de trabalho e um questionário de autoavaliação. Com esse material complementar, será possível rever toda a matéria e ampliar ainda mais os conceitos abordados. Principalmente quando estiver na proposta de trabalho, não se limite apenas em preparar os exercícios: vá além, imagine que a situação seja real e treine fazendo exposições como se estivesse diante do público. Sei que falar sozinho, olhando para as paredes ou para o espelho, não é uma tarefa fácil e que em alguns momentos se torna até desestimulante, mas insista e vá em frente com a consciência de que esse é um caminho importante para o seu aprendizado. Se seguir essas recomendações, posso garantir que o seu esforço será recompensado com apresentações de melhor qualidade.

Além dos exercícios, você conta também com um CD, em que gravei as informações relevantes do livro com o mesmo estilo das aulas que ministro no meu Curso de Expressão Verbal. Ouça essa gravação várias vezes e conte com esse recurso adicional para ajudá-lo a organizar suas apresentações. Boa sorte e muito sucesso em suas apresentações!

RESUMO

PARTES DE UMA APRESENTAÇÃO

Uma apresentação ordenada de forma correta possui quatro partes principais:

1. Introdução;
2. Preparação;
3. Assunto central;
4. Conclusão.

1. INTRODUÇÃO

É a parte do discurso em que você se dedicará a:

— conquistar a atenção dos ouvintes;

— romper sua resistência;

— cativar sua disposição favorável.

Faz parte da introdução o vocativo, que é o cumprimento ao público, uma forma educada de você se dirigir à plateia chamando a atenção dos ouvintes para sua presença diante deles. A escolha correta da introdução deverá levar em conta o público e as circunstâncias que cercam a apresentação. Os recursos mais usados como introdução são:

a) Para todos os tipos de circunstâncias:

— aludir à ocasião;

— elogiar ou valorizar a plateia;

— usar as características positivas do orador;

— destacar qualidades do concorrente ou do adversário.

b) Para a conquista dos ouvintes indiferentes:
- — frase ou informação que provoque impacto;
- — fato bem-humorado;
- — uma história ou narrativa interessante;
- — levantamento de uma reflexão;
- — apresentação da utilidade, das vantagens e dos benefícios do assunto.

c) Para vencer a hostilidade do público:
- — com relação ao tema: construir um campo de neutralidade;
- — com relação ao orador:
  - por falta de credibilidade: demonstrar conhecimento e experiência de forma sutil;
  - devido a sua pouca idade ou inexperiência: fazer uma citação, transferindo para si a credibilidade do autor;
  - por ser desconhecido: aproveitar circunstâncias de pessoa, tempo ou lugar;
  - por inveja ou rivalidade: elogiar sinceramente o auditório;
- — com relação ao ambiente: fazer promessa de brevidade.

São consideradas inadequadas as introduções:
- — que não tenham relação com o assunto;
- — que não sirvam para conquistar o público;
- — que sejam muito previsíveis;
- — que coloquem em risco a estabilidade e a segurança do orador diante dos ouvintes.

Na introdução você deve evitar:
- — contar piadas;
- — fazer perguntas quando não desejar resposta;

— pedir desculpas ao auditório;

— tomar partido sobre assuntos polêmicos ou controvertidos;

— começar com palavras inconsistentes;

— usar chavões ou frases feitas;

— criar expectativas que não possam ser cumpridas;

— mencionar acontecimentos que incomodam o público, sem condições de resolver o problema;

— mostrar-se muito humilde diante de ouvintes importantes;

— explicar a falta de tempo para expor o que deseja;

— ser muito previsível.

2. PREPARAÇÃO

Depois de ter motivado o ânimo da plateia, chegou o momento de se preocupar com a preparação da mensagem para facilitar o entendimento dos ouvintes.

A preparação é constituída dos seguintes elementos:

a) a **proposição**, em que você informa aos ouvintes qual é seu assunto e aonde pretende chegar com ele. Poderá ser suprimida:

— quando o assunto contrariar o interesse do público;

— quando os ouvintes já souberem qual é o assunto e qual é o seu objetivo;

— quando o assunto for controvertido.

b) a **narração**, que é a parte em que você expõe os motivos e os fatos que sustentam o desenvolvimento do assunto central. Os principais tipos são:

— histórico;

— levantamento de problemas;

— solução de problemas.

c) a **divisão**, que é a parte em que você informa que segmentos do assunto serão desenvolvidos. Convém que seja muito breve, de poucas partes, e o orador deve abordar apenas um assunto de cada vez. Deve ser suprimida:

— quando o assunto tiver apenas uma parte;

— quando a apresentação for muito curta;

— quando as partes forem facilmente compreendidas durante a apresentação do assunto central;

— quando for interessante não revelar qual a sequência da apresentação.

3. ASSUNTO CENTRAL

O assunto central é a parte do discurso na qual estão incluídas todas as informações que norteiam a linha de argumentos da mensagem e estabelecem a base de defesa das ideias contra as possíveis objeções dos ouvintes. São elementos do assunto central:

a) a **confirmação**, que orienta a exposição ordenada da mensagem por meio dos seguintes critérios:

— ordenação no tempo;

— ordenação no espaço;

— ordenação de natureza intrínseca;

— ordenação de causa e efeito;

— ordenação pelos prós e contras;

— ordenação pela experiência;

— ordenação pela solução de problemas;

— ordenação crescente.

Alguns métodos que facilitam o entendimento da mensagem são usados para motivar os ouvintes a acompanhar toda a exposição com interesse:

— visualização de medidas: comparação de medidas

desconhecidas para o ouvinte com medidas semelhantes, que possam ser rapidamente identificadas;

— imagem extensiva: a mensagem que você pretende transmitir é posta no contexto de uma imagem que dê ao público a força do significado que se quer expressar;

— elementos de transição: expressões ou frases usadas para ligar suavemente a sequência das ideias ou as partes da apresentação;

— uso de ilustrações: embora não substitua a linha de argumentação, torna claro o que já foi informado.

Alguns elementos podem ser usados como apoio da argumentação ou exposição. Além de esclarecer os ouvintes sobre a forma que você tem de pensar, eles servem como prova para as afirmações que você faz. São eles:

— os exemplos;

— os testemunhos;

— a estatística;

— a definição.

b) a **refutação**, que consiste na defesa de possíveis objeções expressas ou não pelos ouvintes.

O momento de refutar será:

— imediatamente, se a objeção for para um argumento específico;

— logo após a ideia ser apresentada, se a objeção for para todos os argumentos ou um grande número deles;

— desde o princípio do discurso, se você souber que inevitavelmente haverá objeções.

As formas de refutar são:

— pela negativa das afirmações feitas sem provas;

— pela defesa dos argumentos, contestando as provas contrárias.

Dependendo da qualidade dos argumentos, a refutação deverá obedecer aos seguintes critérios:

— se todos forem fracos, deverão ser refutados isoladamente;
— se todos forem fortes, deverão ser refutados ao mesmo tempo;
— se tiverem qualidade diferente, o mais forte deverá ser refutado no início e o mais fraco no final.

4. CONCLUSÃO

A conclusão é o coroamento da qualidade do discurso, instante em que você fará a plateia refletir ou agir de acordo com as suas propostas.

Caracteriza-se pelos seguintes traços:

— deve ser breve (menor ainda que a introdução);
— é a única parte da apresentação que deve ser anunciada, fazendo com que os ouvintes fiquem mais atentos.

Possui dois elementos essenciais:

— a recapitulação;
— o epílogo.

Na recapitulação, você conta, em uma ou duas frases, a essência do conteúdo que acabou de apresentar. Poderá ser suprimida se a linha de argumentação for simples e curta.

No epílogo, as palavras devem ser dirigidas mais para o sentimento que para a razão. É o momento mais apropriado para o uso da emoção.

Você poderá encerrar as apresentações de duas maneiras:

— aumentando a velocidade e a intensidade da fala;
— diminuindo a velocidade e a intensidade da fala.

Algumas formas de concluir:

— levantar uma reflexão;
— usar uma citação ou frase poética;
— pedir ação;
— elogiar o auditório;
— aproveitar um fato bem-humorado;
— provocar arrebatamento;
— aludir à ocasião;
— contar um fato histórico;
— utilizar uma circunstância de tempo, lugar ou pessoa.

Alguns cuidados especiais devem ser tomados na conclusão:

— evitar palavras hesitantes ou frases inconsistentes, por exemplo: "Era isso o que eu tinha para dizer. Muito obrigado.";
— não ficar parado diante do público esperando que os aplausos cessem;
— não revelar sentimentos negativos sobre o seu desempenho;
— programar a sua saída para não ficar parado na frente do público, sem saber para onde ir;
— utilizar expressões como "Assim sendo...", "Desta forma...", se a conclusão foi fraca e sem vibração, pois elas darão abertura para um novo encerramento com condições de resgatar a emoção não aproveitada.

EXERCÍCIOS DE FIXAÇÃO DA 1ª PARTE

Responda as questões a seguir.

1. Que tipo de informações devem ser incluídas em um roteiro para se fazer um bom planejamento inicial de uma apresentação?

2. Por que, na escolha do assunto, você, como orador, deve optar por um tema novo ou dar nova roupagem a um antigo?

3. Por que é importante, para você, como orador, estabelecer objetivos? Quais são alguns dos objetivos que podem nortear sua apresentação?

4. Por que a maioria das pessoas tem dificuldade para escutar?

5. O que motiva as pessoas a comparecerem a uma apresentação?

6. Por que é tão importante saber quanto os ouvintes já conhecem sobre o assunto?

7. Por que o auditório apático é mais difícil que o hostil?

8. Por que o estudo das características do público é tão importante em uma apresentação? Cite algumas delas.

9. Que informações precisam ser levantadas sobre o local e as circunstâncias da apresentação?

10. Que critérios podem ser usados para completar o levantamento de informações sobre a matéria a ser apresentada?

RESPOSTAS DOS EXERCÍCIOS DE FIXAÇÃO DA 1ª PARTE

1. Que tipo de informações devem ser incluídas em um roteiro para se fazer um bom planejamento inicial de uma apresentação?

   Informações apropriadas para as circunstâncias de cada apresentação, de acordo com:

   — o assunto;

   — os objetivos;

   — o público que irá participar.

2. Por que, na escolha do assunto, você, como orador, deve optar por um tema novo ou dar nova roupagem a um antigo?

   Quanto mais próximo no espaço e no tempo, mais o assunto despertará o interesse do ouvinte. No caso de velhos assuntos, é necessário apresentá-los com adaptações que revitalizem o interesse do público.

3. Por que é importante, para você, como orador, estabelecer objetivos? Quais são alguns dos objetivos que podem nortear sua apresentação?

   Se não souber aonde deseja ir, é difícil saber, também, que rumos tomar. Os objetivos informam a você o que de fato pretende obter e quais as verdadeiras causas que o motivaram a falar. Alguns objetivos de uma apresentação são:

   — informar;

   — persuadir e motivar;

   — entreter;

   — promover-se.

4. Por que a maioria das pessoas tem dificuldade para escutar?

   Pelas seguintes razões:

— dificuldade de concentração — o nosso cérebro trabalha mais ou menos quatro vezes mais rápido do que falamos. Por isso, enquanto alguém fala, o ouvinte tem, por natureza, tendência a se distrair;

— audição seletiva — embora as informações sejam as mesmas para todos os ouvintes, as pessoas escutam seletivamente, prestando atenção à parte do conteúdo que vai ao encontro de seus interesses;

— prejulgamentos e distorções, devido à aparência do orador ou à forma como se expressa;

— qualidade da mensagem — em desacordo com o nível predominante do auditório.

5. O que motiva as pessoas a comparecerem a uma apresentação?

As seguintes razões:

— informação ou aprimoramento profissional;

— necessidade social;

— curiosidade;

— informação ou aprimoramento pessoal;

— representar ou substituir alguém;

— para acompanhar outras pessoas;

— para se entreter;

— por ser conhecido do orador.

6. Por que é tão importante saber quanto os ouvintes já conhecem sobre o assunto?

Porque descobrir o que as pessoas já sabem sobre o assunto, além de evitar repetições desnecessárias, que poderiam até arrefecer o seu interesse, permite aferir sua capacidade de compreensão e determinar o grau de aprofundamento que deveremos estabelecer.

7. Por que o auditório apático é mais difícil que o hostil?

O auditório apático ou indiferente é o mais difícil de enfrentar. É pior até que a plateia hostil, pois esta, embora apresente resistências, vibra, discute, questiona, demonstrando, com sua discordância, o que está pretendendo. O indiferente não. Ele não se manifesta e não se preocupa se o orador fala ou deixa de falar; seu pensamento vaga distante e alheio aos acontecimentos daquele ambiente.

8. Por que o estudo das características do público é tão importante em uma apresentação? Cite algumas delas.

As características predominantes do público deverão orientar o preparo e o comportamento do orador diante dele. As principais características são:

— sexo;

— idade;

— nível sociocultural;

— raça.

9. Que informações precisam ser levantadas sobre o local e as circunstâncias da apresentação?

Informações sobre:

— o tamanho do auditório;

— o local: acesso, tempo que será gasto para chegar até lá, possibilidades de estacionamento, conforto das acomodações etc.;

— os recursos disponíveis;

— o apoio da apresentação;

— as características dos ambientes abertos;

— as últimas observações: providências de última hora.

10. Que critérios podem ser usados para completar o levantamento de informações sobre a matéria a ser apresentada?

Alguns critérios são:

— comece a pesquisa e a montagem da apresentação pelo

assunto central;

— não censure;

— recorra aos próprios conhecimentos;

— converse com outros especialistas;

— consulte bibliotecas, livrarias e arquivos de jornais;

— consulte filmes;

— visite o local;

— monte um arquivo;

— concentre-se no assunto;

— separe e relacione as informações.

EXERCÍCIOS DE FIXAÇÃO DA 2ª PARTE

Responda as questões a seguir.

1. Quantas e quais são as partes principais de uma apresentação?

   ____

   ____

   ____

2. Até que ponto as regras de uma apresentação devem ser seguidas?

   ____

   ____

   ____

   ____

3. O que é introdução?

   ____

   ____

   ____

4. Quando usamos a introdução mais comum, que é aludir à ocasião?

   ____

   ____

   ____

5. Quais são os recursos para conquistar o público indiferente?

6. Quais são os elementos da introdução?

7. Como quebrar a hostilidade com relação ao tema?

8. Como quebrar a hostilidade com relação ao orador?

9. Como quebrar a hostilidade com relação ao ambiente?

10. Cite duas introduções que devem ser evitadas.

____

____

____

11. O que é proposição?

____

____

____

____

12. Quais são os principais tipos de narração?

____

____

13. O que é divisão e para que serve?

____

____

____

____

____

14. Cite uma circunstância em que a divisão deve ser suprimida.

____

____

____

15. O que é assunto central?

16. Quais são os elementos do assunto central?

17. Cite três métodos de confirmação.

18. Cite um recurso que facilita a compreensão da mensagem.

19. O que é refutação?

20. Se as objeções se basearem em argumentos frágeis, como deverão ser refutadas?

21. O que é recapitulação?

22. Como deve ser a comunicação no epílogo?

23. Que tipo de frase você deve evitar na conclusão?

24. Por que você deve dar respostas às reflexões levantadas na conclusão quando o público tiver pouco preparo ou pouca cultura?

25. Cite três formas recomendadas para concluir uma fala.

RESPOSTAS DOS EXERCÍCIOS DE FIXAÇÃO DA 2ª PARTE

1. Quantas e quais são as partes principais de uma apresentação?

   Uma apresentação possui quatro partes principais: introdução, preparação, assunto central e conclusão.

2. Até que ponto as regras de uma apresentação devem ser seguidas?

   As regras devem ser seguidas na maioria das situações. Entretanto, você deve ter a liberdade para criar e decidir sobre mudanças na ordem dessas partes, sempre que julgar conveniente.

3. O que é introdução?

   Introdução é a parte do discurso em que você se dedica a conquistar a vontade dos ouvintes para receber a mensagem que tem a transmitir.

4. Quando usamos a introdução mais comum, que é aludir à ocasião?

   Na maior parte das apresentações, principalmente nas profissionais ou de características técnicas.

5. Quais os recursos para conquistar o público indiferente?

   Frase ou informação que provoque impacto, fato bem-humorado, história ou narrativa interessante, levantar uma reflexão, apresentar a utilidade, as vantagens e os benefícios do assunto.

6. Quais são os elementos da introdução?

   Vocativo e exórdio.

7. Como quebrar a hostilidade com relação ao tema?

   Deve-se construir um campo de neutralidade, tocando inicialmente nos pontos comuns de pensamento.

8. Como quebrar a hostilidade com relação ao orador?

Demonstrando sutilmente conhecimento sobre o assunto, fazendo citação de autor respeitado pelo público, aproveitando circunstâncias de tempo, de lugar e de pessoa, elogiando com sinceridade os ouvintes.

9. Como quebrar a hostilidade com relação ao ambiente?

Fazendo promessa de brevidade.

10. Cite duas introduções que devem ser evitadas.

Contar piadas, pedir desculpas por problemas físicos ou pela falta de preparo.

11. O que é proposição?

Proposição é o elemento da preparação em que você informa aos ouvintes qual é o assunto e aonde pretende chegar com ele.

12. Quais são os principais tipos de narração?

Histórico, levantamento e solução de problemas.

13. O que é divisão e para que serve?

A divisão é o elemento da preparação que informa quais segmentos do assunto serão desenvolvidos. Serve para concatenar melhor o raciocínio e facilitar a compreensão dos ouvintes.

14. Cite uma circunstância em que a divisão deve ser suprimida.

Quando o assunto tiver apenas uma parte.

15. O que é assunto central?

Assunto central é a parte na qual será desenvolvido o tema da apresentação.

16. Quais são os elementos do assunto central?

Confirmação e refutação.

17. Cite três métodos de confirmação.

Ordenação no tempo, ordenação no espaço, ordenação de causa e efeito.

18. Cite um recurso que facilita a compreensão da mensagem.

A utilização de elementos de transição.

19. O que é refutação?

Refutação é a defesa que fazemos dos nossos argumentos contra possíveis objeções.

20. Se as objeções se basearem em argumentos frágeis, como deverão ser refutadas?

Devemos separar os argumentos e refutá-los um a um, porque, assim, as objeções se tornam mais frágeis e poderão ser facilmente refutadas.

21. O que é recapitulação?

Recapitulação é a parte da conclusão em que, em uma ou duas frases, você conta para os ouvintes o que já falou.

22. Como deve ser a comunicação no epílogo?

No epílogo, as palavras deverão ser dirigidas mais para o sentimento do que para a razão.

23. Que tipo de frase você deve evitar na conclusão?

"Era isso que eu tinha para dizer. Muito obrigado."

24. Por que você deve dar respostas às reflexões levantadas na conclusão quando o público tiver pouco preparo ou pouca cultura?

Porque o baixo nível de entendimento dessas pessoas e a dificuldade que têm para raciocinar dificilmente permitiriam que chegassem a alguma conclusão.

25. Cite três formas recomendadas para concluir uma fala.

Levantar uma reflexão, pedir a ação, elogiar o auditório.

PROPOSTA DE TRABALHO

No aprendizado da expressão verbal, é muito importante que os conceitos teóricos sejam imediatamente postos em prática. Aplique todos os exercícios, enquanto desenvolve este estudo, para que o texto assimilado se incorpore à sua realidade.

1. Prepare uma apresentação, imaginando qualquer tipo de auditório. Poderá ser um grupo de diretores da empresa, um grupo de grevistas, um grupo de moradores do prédio, uma reunião de professores, de estudantes universitários ou de vendedores. Nessa apresentação, cumpra as seguintes partes:

   a) Cumprimente o grupo.

   b) Faça a introdução por uma das formas recomendadas, pela que seja mais apropriada para a ocasião que você imaginou.

   c) Conte sobre o que irá falar.

   d) Levante um problema.

   e) Dê a solução para o problema levantado.

   f) Peça que reflitam ou ajam de acordo com a sua proposta.

2. Elabore uma introdução para conquistar um público hostil em relação à pessoa do orador.

3. Elabore uma introdução para conquistar um público hostil em relação ao tema.

4. Elabore uma introdução para conquistar um público hostil em relação ao ambiente.

5. Elabore uma introdução para conquistar um público indiferente.

6. Elabore uma introdução aludindo à ocasião.

7. Elabore uma introdução utilizando um fato bem-humorado.

8. Elabore três proposições contando, em uma ou duas frases, sobre o que irá falar.

9. Elabore uma narração levantando um problema.

10. Elabore uma narração fazendo um retrospecto do assunto.

11. Elabore três divisões contando as três ou quatro partes do assunto que serão desenvolvidas.

12. Elabore o assunto central de uma apresentação usando o método da ordenação no tempo.

13. Elabore o assunto central de uma apresentação usando o método da ordenação no espaço.

14. Elabore o assunto central de uma apresentação usando o método da ordenação de causas e efeitos.

15. Elabore uma refutação para possíveis objeções a cada argumentação utilizada nos exercícios 12, 13 e 14.

16. Elabore uma recapitulação contando sobre o que falou numa apresentação.

17. Elabore uma conclusão pedindo que o público reflita.

18. Elabore uma conclusão elogiando o auditório.

19. Elabore uma conclusão usando uma frase poética ou citação.

20. Recorte os últimos discursos publicados nos jornais e tente identificar como foi construída cada uma de suas partes: introdução, preparação, assunto central e conclusão.

QUESTIONÁRIO DE AUTOAVALIAÇÃO

Este questionário serve para que você perceba a sua evolução passo a passo. Responda as questões sem consultar o gabarito que vem a seguir.

Assinale com um "X" a alternativa correta de cada questão:

1. Em uma apresentação, alguns de seus objetivos podem ser:

( ) a) determinar e igualar o nível sociocultural do público.

( ) b) tomar o auditório submisso e sem vontade própria.

( ) c) informar ou persuadir o público.

2. Quando um homem se dirigir a um público predominantemente feminino, deverá:

( ) a) falar com gentileza e respeito.

( ) b) contar piadas fortes, para mostrar que está à vontade.

( ) c) fazer galanteios, para conquistar mais facilmente o público.

3. As regras estabelecidas para uma apresentação devem ser seguidas:

( ) a) rigorosamente, sem quaisquer modificações.

( ) b ocasionalmente, de acordo com a boa vontade do orador.

( ) c) na maioria das vezes, e modificadas de acordo com a necessidade da circunstância.

4. A introdução tem por objetivo permitir que o orador:

( ) a) fique mais à vontade diante do público.

( ) b) conquiste os ouvintes.

( ) c) mostre suas qualidades oratórias.

5. Para conquistar ouvintes indiferentes, o orador deverá:

( ) a) criar um campo de neutralidade em que possa demonstrar que não está contra a plateia.

( ) b) usar informações que provoquem impacto.

( ) c) ficar em silêncio, esperando que prestem atenção.

6. Para vencer a hostilidade do público em relação ao assunto, o orador deverá, logo no início:

( ) a) colocar sua opinião de forma veemente, para mostrar que está com a razão.

( ) b) apresentar argumentos consistentes, que demonstrem como o público está enganado.

( ) c) concordar com algumas das opiniões dos ouvintes, desde que não prejudiquem os objetivos que pretende atingir.

7. Para vencer a hostilidade do público em relação à pessoa do orador, devido à sua inexperiência, é recomendado:

( ) a) distribuir um currículo do orador antes da apresentação.

( ) b) destacar outro orador para falar do seu potencial.

( ) c) fazer citações de autoridades que sejam respeitadas no assunto.

8. Para afastar o sentimento de inveja ou rivalidade do público, o orador poderá:

( ) a) mostrar aos ouvintes que a inveja não é um sentimento digno de pessoas de bem.

( ) b) ficar indiferente, pois, como ensina o ditado popular, “o que vem de baixo não me atinge”.

( ) c) elogiar sinceramente o auditório.

9. Quando o orador conta uma piada no início da fala:

( ) a) age corretamente, porque deixa o público feliz.

( ) b) arrisca-se a não encontrar receptividade do público e até a se desestabilizar.

( ) c) está usando um ótimo recurso se o assunto for muito sério.

10. Se o orador tiver um problema físico, como rouquidão, gripe, dor de cabeça:

( ) a) não deverá revelar esse fato ao auditório no início, para não desviar sua atenção da mensagem.

( ) b) deverá revelar esse fato ao auditório logo no início, para conquistar sua simpatia.

( ) c) deverá revelar esse fato se sentir que ele irá diminuir a qualidade da sua apresentação.

11. A proposição é o elemento da preparação da fala que:

( ) a) tira as dúvidas que não foram resolvidas na introdução.

( ) b) apresenta as provas que ajudarão a convencer o público.

( ) c) indicará qual é o assunto e aonde o orador pretende chegar com ele.

12. A proposição deverá ser suprimida quando:

( ) a) for muito curta.

( ) b) contrariar o interesse do público.

( ) c) oferecer muita vantagem ao público.

13. A divisão deve conter:

( ) a) normalmente de três a quatro partes.

( ) b) normalmente uma ou duas partes.

( ) c) sempre mais de cinco partes.

14. A divisão deverá ser suprimida quando:

( ) a) o orador estiver com muita pressa para terminar.

( ) b) os ouvintes estiverem cansados.

( ) c) as partes do assunto forem muito facilmente compreendidas pelo público.

15. No método da ordenação no tempo, devemos considerar:

( ) a) apenas os fatos que ocorreram no passado mais remoto.

( ) b) a importância dos fatos.

( ) c) o rigor da cronologia.

16. O método da ordenação no espaço indica:

( ) a) onde os fatos ocorreram.

( ) b) a duração dos fatos.

( ) c) quando os fatos ocorreram.

17. A visualização de medidas facilita o entendimento do público, porque:

( ) a) compara informações com medidas que possam ser rapidamente identificadas pelo público.

( ) b) estabelece números exatos, que não deixam margem para dúvidas.

( ) c) é um método sempre apresentado por audiovisuais.

18. Elementos de transição servem para:

( ) a) conquistar o público pela comunicação visual.

( ) b) causar impacto entre a apresentação de uma ideia e outra.

( ) c) ligar suavemente a sequência das ideias.

19. Quando o orador imaginar que o público possui objeções às suas ideias, ao refutá-las, poderá correr o risco de:

( ) a) ficar nervoso diante do público.

( ) b) ter errado na suposição e alertar o público para objeções que não existiam.

( ) c) ter de concluir a fala antes do tempo.

20. A recapitulação é importante, porque o orador:

( ) a) poderá repetir com pormenores tudo o que acabou de falar.

( ) b) deixará, no final, apenas em uma ou duas frases, a essência da mensagem que transmitiu.

( ) c) poderá refazer a introdução e conquistar em definitivo o público.

21. A conclusão, em geral, deverá conter:

( ) a) mais emoção do que razão.

( ) b) informações fora do assunto, para não cansar ainda mais o público.

( ) c) somente informações que falem à razão do público.

22. Uma boa conclusão deverá conter mensagens:

( ) a) que levem o público a refletir ou a agir de acordo com a vontade do orador.

( ) b) que tenham frases do tipo: "Era isso que eu tinha para dizer", para que o público tenha certeza de que o orador encerrou.

( ) c) que deixem claro que o orador falou com muita técnica e, por isso, deve ser aplaudido.

Gabarito do questionário

1 — c	5 — b	9 — b	13 — a	17 — a	21 — a
2 — a	6 — c	10 — a	14 — c	18 — c	22 — a
3 — c	7 — c	11 — c	15 — b	19 — b	
4 — b	8 — c	12 — b	16 — a	20 — b	

ANEXO

Ordem de precedência a ser seguida, segundo o Decreto nº 70.274, de 9 de março de 1972, nas cerimônias oficiais nos Estados.

1 — Governador	
	Cardeais
2 — Vice-Governador	
3 — Presidente da Assembleia Legislativa	
	Presidente do Tribunal de Justiça
4 — Almirante de Esquadra	
	Generais de Exército
	Tenentes-Brigadeiros
	Prefeito da Capital estadual em que se processa a cerimônia
5 — Vice-Almirantes	
	Generais de Divisão
	Majores-Brigadeiros
	Chefes de Igreja sediados no Brasil
	Arcebispos católicos ou equivalentes de outras religiões
	Reitores das Universidades Federais

	Personalidades inscritas no Livro de Mérito
	Prefeito da cidade em que se processa a cerimônia
	Presidente da Câmara Municipal da cidade em que se processa a cerimônia
	Prefeitos das cidades de mais de um milhão (1.000.000) de habitantes
6 —	Contra-Almirantes
	Generais de Brigada
	Brigadeiros
	Presidente do Tribunal Regional Eleitoral
	Procurador Regional da República no Estado
	Procurador-Geral do Estado
	Presidente do Tribunal Regional do Trabalho
	Presidente do Tribunal de Contas
	Presidente do Tribunal de Alçada
	Chefe da Agência do Serviço Nacional de Informações
	Superintendentes de Órgãos Federais
	Presidentes dos Institutos e Fundações Nacionais
	Presidentes dos Conselhos e Comissões Federais
	Presidentes das Entidades Autárquicas, Sociedades de Economia Mista e Empresas de âmbito nacional
	Reitores das Universidades Estaduais e Particulares
	Membros do Conselho Nacional de Pesquisas
	Membros do Conselho Federal de Educação
	Membros do Conselho Federal de Cultura

	Secretários de Estado
	Bispos católicos ou equivalentes de outras religiões
7 —	Presidentes das Confederações Patronais e de Trabalhadores de âmbito nacional
	Membros da Academia Brasileira de Letras
	Membros da Academia Brasileira de Ciências
	Diretores do Banco Central do Brasil
	Diretores do Banco do Brasil
	Diretores do Banco Nacional de Desenvolvimento Econômico
	Diretores do Banco Nacional de Habitação
	Capitães de Mar e Guerra
	Coronéis do Exército
	Coronéis da Aeronáutica
	Deputados Estaduais
	Chefe da Casa Militar do Governador
	Chefe da Casa Civil do Governador
	Comandante da Polícia Militar do Estado
	Desembargadores do Tribunal de Justiça
	Prefeitos das cidades de mais de quinhentos mil (500.000) habitantes
	Delegados dos Ministérios
	Cônsules estrangeiros
	Consultor-Geral do Estado

Juízes do Tribunal Regional Eleitoral
Juízes do Tribunal Regional do Trabalho
Presidentes das Câmaras Municipais da Capital e das cidades de mais de um milhão (1.000.000) de habitantes
8 — Juiz Federal
Juízes do Tribunal de Contas
Juízes do Tribunal de Alçada
Presidentes dos Institutos e Fundações Regionais e Estaduais
Presidentes das Entidades Autárquicas, Sociedades de Economia Mista e Empresas Públicas de âmbito regional ou estadual
Diretores das Faculdades Federais
Monsenhores católicos ou equivalentes de outras religiões
Capitães de Fragata
Tenentes-Coronéis do Exército
Tenentes-Coronéis da Aeronáutica
Presidentes das Federações Patronais e de Trabalhadores de âmbito regional ou estadual
Presidentes das Câmaras Municipais das cidades de mais de quinhentos mil (500.000) habitantes
Juízes de Direito
Procurador Regional do Trabalho
Auditores da Justiça Militar
Auditores do Tribunal de Contas

Promotores Públicos
Diretores das Faculdades Estaduais e Particulares
Vice-Cônsules estrangeiros
9 — Chefes de Departamento das Universidades Federais
Prefeitos das cidades de mais de cem mil (100.000) habitantes
Capitães de Corveta
Majores do Exército
Majores da Aeronáutica
Diretores de Departamentos das Secretarias
Presidentes dos Conselhos Estaduais
Chefes de Departamento das Universidades Estaduais e Particulares
Presidentes das Câmaras Municipais das cidades de mais de cem mil (100.000) habitantes
10 — Professores de Universidade
Demais Prefeitos Municipais
Cônegos católicos ou equivalentes de outras religiões
Capitães-Tenentes
Capitães do Exército
Capitães da Aeronáutica
Presidentes das demais Câmaras Municipais
Diretores de Repartição
Diretores de Escolas de Ensino Secundário
Vereadores Municipais

Nas cerimônias oficiais, nos Estados da União, com a presença de autoridades federais.
1 — Presidente da República
2 — Vice-Presidente da República
Governador do Estado da União em que se processa a cerimônia
Cardeais
Embaixadores estrangeiros
3 — Presidente do Congresso Nacional
Presidente da Câmara dos Deputados
Presidente do Supremo Tribunal Federal
4 — Ministros de Estado
Chefe do Gabinete Militar da Presidência da República
Chefe do Gabinete Civil da Presidência da República
Chefe do Serviço Nacional de Informações
Chefe do Estado-Maior das Forças Armadas
Consultor-Geral da República
Vice-Governador do Estado da União em que se processa a cerimônia
Presidente da Assembleia Legislativa do Estado da União em que se processa a cerimônia
Presidente do Tribunal de Justiça do Estado em que se processa a cerimônia
Enviados Extraordinários e Ministros Plenipotenciários estrangeiros
Presidente do Tribunal Superior Eleitoral

	Ministro do Supremo Tribunal Federal
	Procurador-Geral da República
	Governadores dos outros Estados da União e do Distrito Federal
	Senadores
	Deputados Federais
	Almirantes
	Marechais
	Marechais do Ar
	Chefe do Estado-Maior da Armada
	Chefe do Estado-Maior do Exército
	Secretário-Geral de Política Exterior
	Chefe do Estado-Maior da Aeronáutica
5 —	Almirantes de Esquadra
	Generais de Exército
	Embaixadores Extraordinários e Plenipotenciários (Ministros de 1ª classe)
	Tenentes-Brigadeiros
	Presidente do Tribunal Federal de Recursos
	Presidente do Superior Tribunal Militar
	Presidente do Tribunal Superior do Trabalho
	Ministros do Tribunal Superior Eleitoral
	Prefeito da Capital estadual em que se processa a cerimônia
	Encarregados de Negócios estrangeiros

6 — Ministros do Tribunal Federal de Recursos
Ministros do Superior Tribunal Militar
Ministros do Tribunal Superior do Trabalho
Vice-Almirantes
Generais de Divisão
Embaixadores (Ministros de 1ª classe)
Majores-Brigadeiros
Chefes de Igreja sediados no Brasil
Arcebispos católicos ou equivalentes de outras religiões
Presidente do Tribunal de Contas da União
Presidente do Tribunal Marítimo
Diretores-Gerais das Secretarias do Senado Federal e da Câmara dos Deputados
Substitutos eventuais dos Ministros de Estado
Secretários-Gerais dos Ministérios
Reitores das Universidades Federais
Diretor-Geral do Departamento de Polícia Federal
Presidente do Banco Central do Brasil
Presidente do Banco do Brasil
Presidente do Banco Nacional de Desenvolvimento Econômico
Presidente do Banco Nacional de Habitação
Ministros do Tribunal de Contas da União
Juízes do Tribunal Superior do Trabalho

Subprocuradores-Gerais da República
Procuradores-Gerais da Justiça Militar
Procuradores-Gerais da Justiça do Trabalho
Procuradores-Gerais do Tribunal de Contas da União
Vice-Governadores de outros Estados da União
Secretário da Receita Federal
Personalidades inscritas no Livro do Mérito
Prefeito da cidade em que se processa a cerimônia
Presidente da Câmara Municipal da cidade em que se processa a cerimônia
Juiz de Direito da Comarca em que se processa a cerimônia
Prefeitos das cidades de mais de um milhão (1.000.000) de habitantes
Presidente da Caixa Econômica Federal
Ministros-Conselheiros estrangeiros
Cônsules-Gerais estrangeiros
Adidos Militares estrangeiros (Oficiais-Generais)
7 — Contra-Almirantes
Generais de Brigada
Embaixadores Comissionados ou Ministros de 2ª classe
Brigadeiros
Diretor-Geral do Departamento Administrativo do Pessoal Civil
Chefe do Gabinete da Vice-Presidência da República

Subchefes dos Gabinetes Militar e Civil da Presidência da República
Assessor-Chefe da Assessoria Especial da Presidência da República
Assessor-Chefe da Assessoria Especial de Relações Públicas da Presidência da República
Assistente-Secretário do Chefe do Gabinete Militar da Presidência da República
Secretários Particulares do Presidente da República
Chefe do Cerimonial da Presidência da República
Secretário de Imprensa da Presidência da República
Diretor-Geral da Agência Nacional
Presidente da Central de Medicamentos
Chefe do Gabinete da Secretaria-Geral do Conselho de Segurança Nacional
Chefe do Gabinete do Serviço Nacional de Informações
Chefe do Gabinete do Estado-Maior das Forças Armadas
Chefe da Agência Central do Serviço Nacional de Informações
Presidente do Tribunal Regional Eleitoral
Governadores dos Territórios
Procurador da República no Estado
Procurador-Geral do Estado
Presidente do Tribunal Regional do Trabalho
Presidente do Tribunal de Contas do Estado
Presidente do Tribunal de Alçada do Estado

Presidente do Conselho Nacional de Pesquisas
Presidente do Conselho Nacional de Educação
Presidente do Conselho Federal de Cultura
Chanceler da Ordem Nacional do Mérito
Presidente da Academia Brasileira de Letras
Presidente da Academia Brasileira de Ciências
Presidente da Associação Brasileira de Imprensa
Diretores do Gabinete Civil da Presidência da República
Diretores-Gerais dos Departamentos de Ministérios
Superintendentes de Órgãos Federais
Presidentes dos Institutos e Fundações Nacionais
Presidentes dos Conselhos e Comissões Federais
Presidentes das Entidades Autárquicas, Sociedades de Economia Mista e Empresas Públicas de âmbito nacional
Chefes dos Gabinetes dos Ministros de Estado
Reitores das Universidades Estaduais e Particulares
Membros do Conselho Nacional de Pesquisas
Membros do Conselho Federal de Educação
Membros do Conselho Federal de Cultura
Secretários do Governo do Estado em que se processa a cerimônia
Bispos católicos ou equivalentes de outras religiões
Conselheiros estrangeiros
Adidos e Adjuntos Militares estrangeiros (Capitães de Mar e Guerra e Coronéis)

8 — Presidentes das Confederações Patronais e de Trabalhadores de âmbito nacional
Consultores Jurídicos dos Ministérios
Membros da Academia Brasileira de Letras
Membros da Academia Brasileira de Ciências
Diretores do Banco Central do Brasil
Diretores do Banco do Brasil
Diretores do Banco Nacional de Desenvolvimento Econômico
Diretores do Banco Nacional de Habitação
Capitães de Mar e Guerra
Coronéis do Exército
Conselheiros
Coronéis da Aeronáutica
Deputados do Estado em que se processa a cerimônia
Chefe da Casa Militar do Governo do Estado em que se processa a cerimônia
Chefe da Casa Civil do Governo do Estado em que se processa a cerimônia
Comandante da Polícia Militar do Estado em que se processa a cerimônia
Desembargadores do Tribunal de Justiça do Estado em que se processa a cerimônia
Adjuntos dos Gabinetes Militar e Civil da Presidência da República
Prefeitos das cidades de mais de quinhentos mil (500.000) habitantes

	Delegados dos Ministérios no Estado em que se processa a cerimônia
	Primeiros Secretários estrangeiros
	Cônsules estrangeiros
	Consultor-Geral do Estado em que se processa a cerimônia
	Juízes do Tribunal Marítimo
	Juízes do Tribunal Regional Eleitoral do Estado em que se processa a cerimônia
	Juízes do Tribunal Regional do Trabalho do Estado em que se processa a cerimônia
	Presidentes das Câmaras Municipais da Capital e das cidades de mais de um milhão (1.000.000) de habitantes
	Adidos e Adjuntos Militares estrangeiros (Capitães de Fragata e Tenentes-Coronéis)
9 —	Juiz Federal
	Juízes do Tribunal de Contas do Estado em que se processa a cerimônia
	Juízes do Tribunal de Alçada do Estado em que se processa a cerimônia
	Presidentes dos Institutos e Fundações Regionais e Estaduais
	Presidentes das Entidades Autárquicas, Sociedades de Economia Mista e Empresas Públicas de âmbito regional ou estadual
	Diretores das Faculdades Federais
	Monsenhores católicos ou equivalentes de outras religiões
	Capitães de Fragata

	Tenentes-Coronéis do Exército
	Primeiros Secretários
	Tenentes-Coronéis da Aeronáutica
	Ajudantes de Ordem do Presidente da República (Majores)
	Adjuntos do Gabinete Militar do Presidente da República (Majores)
	Presidentes das Federações Patronais e de Trabalhadores de âmbito regional ou estadual
	Presidentes das Câmaras Municipais das Capitais dos Estados da União e das cidades de mais de quinhentos mil (500.000) habitantes
	Juízes de Direito
	Procuradores Regionais do Trabalho
	Diretores de Repartições Federais
	Auditores da Justiça Militar
	Auditores do Tribunal de Contas
	Promotores Públicos
	Procuradores Adjuntos da República
	Diretores das Faculdades Estaduais e Particulares
	Segundos Secretários estrangeiros
	Vice-Cônsules estrangeiros
	Adidos e Adjuntos Militares estrangeiros (Capitães de Corveta e Majores)
10 —	Oficiais de Gabinete do Gabinete Civil da Presidência da República
	Chefes de Departamento das Universidades Federais

	Diretores de Divisão dos Ministérios
	Prefeitos das cidades de mais de cem mil (100.000) habitantes
	Capitães de Corveta
	Majores do Exército
	Segundos Secretários
	Majores da Aeronáutica
	Ajudantes de Ordens do Presidente da República (Capitães)
	Adjuntos dos Serviços do Gabinete Militar da Presidência da República (Capitães)
	Secretários-Gerais dos Territórios
	Diretores de Departamentos das Secretarias do Estado em que se processa a cerimônia
	Presidentes dos Conselhos Estaduais
	Chefes de Departamento das Universidades Estaduais e Particulares
	Presidentes das Câmaras Municipais das cidades de mais de cem mil (100.000) habitantes
	Terceiros Secretários estrangeiros
	Adidos e Adjuntos Militares estrangeiros (Capitães-Tenentes e Capitães)
11 —	Professores de Universidade
	Demais Prefeitos Municipais
	Cônegos católicos ou equivalentes de outras religiões
	Capitães-Tenentes

Capitães do Exército
Terceiros Secretários
Capitães da Aeronáutica
Presidentes das demais Câmaras Municipais
Diretores de Repartições do Estado em que se processa a cerimônia
Diretores de Escolas de Ensino Secundário
Vereadores Municipais

Precedência entre governadores de Estado, Distrito Federal e Territórios, segundo o art. 8º do Decreto nº 70.274

Estado da Bahia
Estado do Rio de Janeiro
Estado do Maranhão
Estado do Pará
Estado de Pernambuco
Estado de São Paulo
Estado de Minas Gerais
Estado de Goiás
Estado de Mato Grosso
Estado do Rio Grande do Sul
Estado do Ceará
Estado da Paraíba
Estado do Espírito Santo

Estado do Piauí
Estado do Rio Grande do Norte
Estado de Santa Catarina
Estado de Alagoas
Estado de Sergipe
Estado do Amazonas
Estado do Paraná
Estado do Acre
Estado do Mato Grosso do Sul
Estado de Rondônia
Distrito Federal
Território Federal do Amapá
Território Federal de Fernando de Noronha
Território Federal de Roraima

Precedência entre ministros de Estado segundo o art. 4º do Decreto nº 70.274

Ministério da Justiça
Ministério da Marinha
Ministério do Exército
Ministério das Relações Exteriores
Ministério da Fazenda
Ministério dos Transportes
Ministério da Agricultura

Ministério da Educação e Cultura
Ministério do Trabalho
Ministério da Aeronáutica
Ministério da Saúde
Ministério da Indústria e Comércio
Ministério das Minas e Energia
Ministério do Planejamento
Ministério do Interior
Ministério das Comunicações
Ministério da Previdência e Assistência Social
Ministério para Assuntos Fundiários
Ministro-Chefe do Gabinete Militar
Ministro-Chefe do Gabinete Civil
Ministro-Chefe do SNI
Ministro-Chefe do Estado-Maior das Forças Armadas

Observação: O ministro de Estado das Relações Exteriores terá a precedência sobre os outros ministros quando a solenidade contar com a presença de personalidades estrangeiras, a não ser que esta seja realizada na jurisdição de outro ministro.

Precedência entre secretários estaduais

Procurador-Geral do Estado
Procurador-Geral da Justiça no Estado

Secretaria da Justiça
Secretaria da Fazenda
Secretaria do Interior, Desenvolvimento Regional e Obras Públicas
Secretaria da Agricultura
Secretaria de Educação e Cultura
Secretaria de Segurança Pública
Secretaria de Administração
Secretaria da Saúde e Meio Ambiente
Secretaria da Indústria e Comércio
Secretaria do Trabalho e Ação Social
Secretaria dos Transportes
Secretaria de Energia, Minas e Comunicações
Secretaria de Coordenação e Planejamento
Secretário Extraordinário para Assuntos da Casa Civil
Chefe da Casa Militar
Precedência nas Universidades Reitor
Vice-Reitor
Pró-Reitor
Diretores de Faculdades e Instituições
Chefes de Departamentos

ÍNDICE ONOMÁSTICO

BIBLIOGRAFIA

ACADEMIA Brasileira de Letras. *Discursos acadêmicos*. Rio de Janeiro: Civilização Brasileira, 1934.

AMET, Émile. *Arte de falar em público*. Lisboa: Ailland, Alves Bastos Editores [ca. 1910]. 164 p.

______. *Comment on apprend à parler en public*. Paris: Jouve & Cia., 1926. 670 p.

ANDERSON, James B. *Falar para grupos*. Lisboa: Edições Cetop, 1991. 276 p. Tradução de *Speaking to groups*, 1989.

AREZIO, Luigi. *L'arte della parola*. Florença: G. C. Sansoni, 1915. 188 p.

ARISTÓTELES. *Arte retórica e arte poética*. Tradução por Antônio Pinto de Carvalho. Rio de Janeiro: Tecnoprint, s.d. 350 p. Tradução de *Art rhétorique et art poétique*.

ATKINSON, William Walker. *L'arte di esprimersi e I principi del discorso*. Tradução por Elena Zonotti. Milão: Fratelli Bocca Editori, 1945. 160 p.

BARBOSA, Ruy. *Discursos no Instituto dos Advogados do Brasil*. Porto Alegre: Sergio Fabris, Editor, 1985. 80 p.

BELLENGER, Lionel. *A persuasão*. Tradução por Waltensir Dutra. Rio de Janeiro: Zahar, 1987, 104 p. Tradução de *La persuasión*.

BLOCH, Pedro. *Você quer falar melhor?* 6. ed. Rio de Janeiro: Bloch, 1974. 160 p.

BOWER, Sharon. *Painless public speaking*. 3. ed. Glasgow: William Collins Sons & Co. Ltd., 1990. 227 p.

BROWN, Charles T. *Introdução à eloquência*. 2. ed. Tradução por Maria Luisa Bitencourt. São Paulo: Fundo de Cultura, 1967. 2 v. Tradução de *Introduction to speech*, 1955.

BROWN, Lillian. *Your public best:* the complete guide to making successful public appearances in the meeting room, on the platform, and on TV. New York: Newmarket Press, 1989. 223 p.

BUENO, Silveira. *A arte de falar em público*. São Paulo: Revista dos Tribunais, 1933. 222 p. [Até 1988 foram publicadas dez edições por editoras diferentes.]

______. *Manual de califasia, califonia, calirritmia e arte de dizer.* 3. ed. São Paulo: Saraiva, 1948. 232 p.

CARVALHO, Francisco Freire de. *Lições elementares de eloquência nacional.* Rio de Janeiro: Em Casa D'Eduardo Laemmert, Typographia Nacional, 1834. 290 p.

CASTELAR, Emilio. *Discursos parlamentares na Assembleia Constituinte/Discursos parlamentarios en la Asamblea Constituyente.* 2 vol. Madrid: A. De San Martin Y Saenz de Jubera Hermanos Editores, 1980. Tomo I, 422 p.; Tomo II, 364 p.

CASTLE, Dennis; WADE, John. *Falar em público.* Tradução por Maria Adelaide Namorado Freire. Lisboa: Editorial Presença, 1990. 136 p. Tradução de *Public speaking*, 1980.

CICÉRON. *Brutus et la perfectión oratoire.* Tradução por François Richard. Paris: Librairie Garnier Frères, 1934. 298 p.

COHEN, Jean et alii. *Pesquisas de retórica.* Tradução por Leda Pinto Mafra Iruzun. Petrópolis: Vozes, 1975. 236 p. Tradução de *Recherches rhétoriques.*

COOK, Jeff Scott. *The elements of speechwriting and public speaking.* New York: Collier Books — MacMillan Publishing Company, 1989. 242 p.

CORDEIRO, F. B. *Arte de fallar e de escrever ou tractado de rhetórica geral.* Pernambuco: Tip. Imparcial, 1848. 480 p.

CORRÊA, Nereu. *A palavra.* São Paulo: Laudes, 1972. 148 p.

CORTRIGHT, Rupert L.; HINDS, George L. *Técnicas construtivas de argumentação e debate.* Tradução por L. C. S. Ph. São Paulo: Ibrasa, 1963. 394 p. Tradução de *Creative discussion*, 1959.

D'ARCY, Jan. *Technically speaking*: proven ways to make your next presentation a success. New York: American Management Association, 1992. 252 p.

EHRLICH, Henry. *Writing effective speeches.* New York: Paragon House, 1992. 214 p.

FERRI, Henrique. *Discursos de defesa (defesas penais).* Tradução de Fernando de Miranda. 6ª reimpressão. Coimbra: Armênio Amado, Editor, Sucessor, [s.d.].

FIGUEIREDO, A. Cardoso Borges de. *Instituições elementares de rhetórica.* 7. ed. Coimbra: Livraria de J. Augusto Orcel, 1870. 196 p.

FOSCOLO, Ugo. *Lezioni di eloquenza.* Milão: Società Editrice Sonzogno, 1897. 344 p.

GABAY, Michèle (Dir.). *Guide d'expression orale.* Paris: References Larousse, 1986. 404 p.

GARÇON, Maître Maurice. *Eloquência judiciária*. Tradução por Zilda Felgueiras. Rio de Janeiro: Editora da Casa dos Estudantes [ca. 1950]. 232 p. Tradução de *Essai sur l'éloquence judiciaire*.

GRONBECK, Bruce E.; EHNINGER, Douglas; MONROE, Alan Houston. *Principles of speech communication*. 10. ed. Glenview: Scott, Foresman and Company, 1986. 397 p.

GUESDON, Abbé. *Cours d'éloquence sacrée*. França: Imp. de Montligeon, 1905. 256 p.

HOLTZ, Herman. *The executive's guide to winning presentations*. New York: John Wiley & Sons, Inc., 1991. 211 p.

JAGOT, Paul C.; NOGUIN, J. G. *La educación de la palabra. El arte de hablar bien y con persuasión*. Buenos Aires: Joaquim Gil, 1949. 638 p.

JAKOBSON, Roman. *Linguística e comunicação*. São Paulo: Ática, 1995. 164 p.

JAY, Antony. *Apresentação eficiente*. Tradução por Maria Cecília Baeta Neves. Rio de Janeiro: Fundação Getúlio Vargas, 1973. 166 p.

KARLINS, Marvin; ABELSON, Herbert D. *Persuasão*. Tradução por Lêda Maria Maia. Rio de Janeiro: Civilização Brasileira, 1971. 222 p. Tradução de *Persuasion – how opinions and attitudes are changed*, 1970.

L'ABBÉ, Henry. *Histoire de l'éloquence*. 2. ed. Paris: Chez Jacques Lecoffre, 1850. 2 v.

LEBEL, Pierre. *La strategie de l'intervention orale*. Paris: Éditions Retz, 1990. 160 p.

LEEDS, Dorothy. *Power speak*. New York: Berkey Books, 1989. 294 p.

LEÓN, Maria Lenilde da Silva Plá de. *Empresa x Imprensa*. São Paulo: IOB, 1991. 192 p.

MAJORANA, Angelo. *A arte de falar em público*. Tradução por Fernando de Miranda. São Paulo: Saraiva, 1945. 2 v.

MALDONADO, Maria Tereza; GARNER, Alan. *A arte da conversa e do convívio*. São Paulo: Saraiva, 1999. 160 p.

MILLER, George A. (Org.) *Linguagem, psicologia e comunicação*. Tradução por Alvaro Cabral. São Paulo: Cultrix, 1976. 312 p. Tradução de *Psychology and communication*.

MIRA Y LÓPEZ, Emílio. *Quatro gigantes da alma*. Tradução por Cláudio de Araújo Lima. 12ª. ed. Rio de Janeiro: Livraria José Olympio Editora, 1982.

MONEGAL Y NOGUÉS, Esteban. *Compendio de oratoria sagrada*. 4. ed. Barcelona: Imprenta de Eugenio Suborana, 1923. 340 p.

NAPOLITANO, Giovanni. *Intuizioni sul'eloquenza*. Napoli: Libreria Della Diana, 1930. 170 p.

OLIVEIRA, Marques. *Como vencer falando*. Rio de Janeiro: Tecnoprint, 1979. 288 p.

PACOUT, Nathalie. *Parler en public*. Paris: Marabout, 1988. 192 p.

PELTANT, S. et alii. *Savoir s'exprimer*. Paris: Éditions Retz, 1989. 486 p.

PLEBE, Armando. *Breve história da retórica antiga*. Tradução por Gilda Naécia Maciel de Barros. São Paulo: Edusp, 1978. 98 p. Tradução de *Breve storia della retorica antica*.

POLITO, Reinaldo. *A influência da emoção do orador no processo de conquista dos ouvintes*. 3. ed. São Paulo: Saraiva, 2001. 160 p.

______. *Como falar corretamente e sem inibições*. 109. ed. São Paulo: Saraiva, 2005. 240 p.

______. *Como falar de improviso e outras técnicas de apresentação*. 10. ed. São Paulo: Saraiva, 2002. 120 p.

______. *Como se tornar um bom orador e se relacionar bem com a imprensa*. 7. ed. São Paulo: Saraiva, 2001. 160 p.

______. *Fale muito melhor*. 5. ed. São Paulo: Saraiva, 2003. 208 p.

______. *Gestos e postura para falar melhor*. 23. ed. São Paulo: Saraiva, 2002. 200 p.

______. *Recursos audiovisuais nas apresentações de sucesso*. 6. ed. São Paulo: Saraiva, 2003. 140 p.

______. *Técnicas e segredos para falar bem*. São Paulo: IOB, 1993. 5 módulos.

______. *Um jeito bom de falar bem*. 10. ed. São Paulo: Saraiva, 2001. 215 p.

______. *Vença o medo de falar em público*. 7. ed. São Paulo: Saraiva, 2000. 120 p.

______. *Cómo hablar bien en público*. Tradução por María de los Hitos Hurtado. Madrid: EDAF, 2004. 248 p.

PONCER, Jean. *Savoir se présenter*. Paris: Éditions Retz, 1989. 128 p.

PÔRTO SOBRINHO, Antonio Faustino. *Antologia da eloquência universal*. São Paulo: Tecnoprint, [s.d.].

QUINTILIANO, M. Fábio. *Instituições oratórias*. Tradução por Jerônimo Soares Barbosa. São Paulo: Cultura, 1944. 2 v.

______. *Institution oratoire*. Tradução por Henri Bornecque. Paris: Librairie Garnier Frères, 1933-4. 4 v.

RAMOS, Admir. *Moderno curso de oratória*. São Paulo [ca. 1970]. 188 p.

REICH, Wilhelm. *Análise do caráter*. São Paulo: Martins Fontes, 1988.

RHETÓRICA e poética. Rio de Janeiro: Livraria de J. G. de Azevedo, 1885. 44 p.

ROUSTAN, M. *L'éloquence.* 3. ed. Paris: Librairie Paul Delaplane [ca. 1900]. 112 p.

SAINT-LAURENT, Raymond. *L'art de parler en public.* Avignon: Edouard Aubanel Éditeur, 1948. 224 p.

SAINT-PAUL, G. *L'art de parler en public.* Paris: Octave Doin et Fils, 1912. 434 p.

SANTOS, Mario Ferreira dos. *Curso de oratória e retórica.* 8. ed. São Paulo: Logos, 1960. 230 p.

SARAIVA, Antonio J. *O discurso engenhoso.* São Paulo: Perspectiva, 1980. 152 p.

SENGER, Jules. *A arte oratória.* Tradução por Carlos Ortiz. 2. ed. São Paulo: Difusão Européia do Livro, 1960. 136 p. Tradução de *L'art oratoire.*

SIMMONS, Harry. *Falar em público.* Tradução por Siene Maria Campos. Rio de Janeiro: Record, 1988. 272 p. Tradução de *Executive public speaking techniques.*

SNYDER, Elayne. *Persuasive business speaking.* New York: Amacon — American Management Association, 1990. 243 p.

SODRÉ, Hélio. *História universal da eloquência.* 3. ed. Rio de Janeiro: Forense, 1967. 900 p. 3 v.

STUART, Cristina. *How to be an effective speaker.* Lincolnwood: NTC Business Books, 1989. 238 p.

THEODORO, Marlene. *A era do EU S/A* — em busca da imagem profissional de sucesso. São Paulo: Saraiva, 2004.

TIMON. *Livre des orateurs.* 15. ed. Paris: Pagnerre, 1847. 2 v.

TOULE MON, André. *La parole moderne.* Paris: Librairie Rousseau, 1958. 260 p.

TRINGALI, Dante. *Introdução à retórica.* São Paulo: Duas Cidades, 1988. 248 p.

VALENTI, Jack. *A fácil arte de falar em público.* Tradução por Neide Camera Loureiro. Rio de Janeiro: Record [ca. 1984]. 152 p. Tradução de *Speak up with confidence.*

VALLEJO-NÁGERA, Juan Antonio. *Aprender a hablar en público hoy.* 10. ed. Barcelona: Editorial Planeta, 1990. 158 p.

VASILE, Albert J.; MINTZ, Harold K. *Speak with confidence*: a practical guide. 5. ed. New York: Harper Collins Publishers, 1989. 383 p.

VERCESI, Ernesto; SANTINI, Emilio. *L'eloquenza sacra in Italia e l'eloquenza politica accademica e forense.* Milão: Casa Editrice Dottor Francesco Villardi, 1938. 354 p.

VIANA, Mario Gonçalves. *Arte de falar em público.* Porto: Editorial Domingos Barreira [ca. 1950]. 396 p.

______. *Técnica oratória.* Porto: Editorial Domingos Barreira [ca.1950]. 496 p.

VIEIRA, Pe. Antônio. *Obras completas do Padre Vieira.* Porto: Lelo & Irmão — Editores, 1951. 15 v.

WESTLAND, Peter. *Aprenda sozinho a falar em público.* Tradução por Izidoro Macedo. São Paulo: Pioneira, 1961. 168 p. Tradução de *Teach yourself public speaking.*

DEPOIMENTOS SOBRE O RESULTADO DO TRABALHO DO PROF. REINALDO POLITO

" O curso do Prof. Reinaldo Polito ajuda a preencher uma lacuna na educação brasileira."

Almir Pazzianotto

"O teatro ganharia muito se pudesse contar com um trabalho de orientação competente como esse que o Prof. Reinaldo Polito desenvolve na Expressão Verbal, preparando empresários e executivos."

Bibi Ferreira

"Este curso ensinou a todos nós a grande verdade, a grande beleza, a grande luz da comunicação verbal, que tem sido a base de toda a minha vida."

Blota Júnior

"Reinaldo Polito vive aquilo em que acredita. É uma pessoa especial em seus livros, em suas palestras e em seu relacionamento com amigos. Coisas de vencedores."

César Romão

"Reinaldo Polito es uno de los más prestigiosos expertos en comunicación oral del mundo."

Editorial EDAF – Espanha

"Vendo o resultado do trabalho do Prof. Reinaldo Polito eu começo a acreditar que é possível melhorar nosso País."

Fernando Lyra

"O Prof. Polito é quem mais entende de como ajudar as pessoas a conhecer seus dotes de oratória e a utilizar, sem medo, todo o potencial que lhe seja próprio."

Flávio Gikovate

"Cumprimento Reinaldo Polito pela maravilha que fez com seus alunos."

Glorinha Beuttenmüller

"Reinaldo Polito, sinta-se orgulhoso do seu trabalho, porque a sua obra fala por si mesma."

Guilherme Afif Domingos

"O curso do Prof. Reinaldo Polito, além de ensinar técnicas de comunicação aos seus alunos, foi uma lição de vida."

Irene Ravache

"Fiquei comovido ao ver os alunos do Prof. Reinaldo Polito apresentarem as suas ideias, demonstrando que vieram para este treinamento, aprenderam e saem vencedores."

Ives Gandra da Silva Martins

"A desenvoltura demonstrada pelos alunos formados pelo Prof. Reinaldo Polito emocionou-me e comoveu-me. Todos estão aptos a enfrentar qualquer tipo de auditório, até os mais hostis."

Jânio Quadros

"Leiam a sua obra com atenção e cheguem à mesma conclusão que eu. O Polito é realmente o melhor!"

João Mellão Neto

"Este curso do Prof. Reinaldo Polito abre uma perspectiva nova de vida, a perspectiva da comunicação e de vencer a inibição no dia a dia."

Luiz Antônio Fleury Filho

"Aprovo vivamente os métodos e o estilo do Prof. Polito. Creio que, através de seus cursos, ou de seus livros, a pessoa consegue dominar aquilo que é indispensável para o orador: a postura, a vitória sobre o medo, a preparação, os gestos, a voz, a relação interativa com o auditório."

Márcio Thomaz Bastos

"Bom, primeiro o Polito sabe falar. Depois, ele sabe escrever. Mas, principalmente, ele soube 'como' juntar as duas coisas, e aí começou a dissolver as incertezas que afligem aquela multidão de pessoas que, um dia, se veem diante de uma plateia e não têm lá muita noção do que fazer."

Max Gehringer

"Já ministrei cursos de comunicação verbal em todos os estados do Brasil e como professor por mais de cinquenta anos tenho autoridade para falar: Reinaldo Polito, hoje, é o principal professor de oratória do país."

Oswaldo Melantonio

"Homem simples, Reinaldo Polito transmite com segurança e seriedade seus conhecimentos. E melhora a vida de muita gente. Sei de várias pessoas que obtiveram significativo progresso graças às hábeis mãos de Polito. Recentemente, uma turma de jornalistas, alguns dos quais meus amigos, pôs-se a frequentar as orientações de Polito. Que dizem eles? Falam muito bem do trabalho de Polito e confessam-se surpresos com o resultado."

Pasquale Cipro Neto

"Espero um dia ser convidado pelo Prof. Reinaldo Polito para ser seu aluno, mas só com a metade do que ouvi de um de seus professores já aprendi muito."

Romeu Tuma

"Os alunos jamais se esquecerão do Prof. Reinaldo Polito. Ele foi o grande mestre que orientou a todos no caminho da comunicação."

Silveira Bueno

"Ao longo dos anos Reinaldo Polito tornou-se muito mais do que um bem-sucedido profissional da fala. Mercê da refinada e cuidadosa metodologia, desenvolvida ao longo de décadas de pesquisa e experimento empírico, tornou-se um verdadeiro ícone da especialidade em que atua. De longe, ele é o principal nome no terreno da comunicação e da expressão em público."

Tupã Gomes Corrêa

"Não imaginava um trabalho tão magnífico como este, um trabalho de libertação, que permite a valorização do ser humano."

Waldir Troncoso Peres

REINALDO POLITO

Mestre em Ciências da Comunicação.

Pós-graduado com especialização em Comunicação Social pela Fundação Cásper Líbero e em Administração Financeira pela FGV e pela Faculdade de Ciências Econômicas de São Paulo.

Formado em Ciências Econômicas e Administração de Empresas pela Faculdade de Ciências Econômicas de São Paulo.

Foi professor de Expressão Verbal para professores e alunos dos cursos de graduação e pós-graduação da Escola de Comunicações e Artes da Universidade de São Paulo.

Foi professor de Expressão Verbal para professores de pós-graduação do Programa de Treinamento em Didática da Escola de Direito de São Paulo da FGV.

Professor de Expressão Oral no *Management in Business Communication* (MBC) da Faculdade de Comunicação Social Cásper Líbero.

Professor de Competência Verbo-gestual no Trabalho da Imagem Pública no Curso de Pós-Graduação em Marketing Político da ECA-USP.

Professor de Comunicação Verbal e Gestual no curso Master em Tecnologia Educacional para os professores da FAAP.

Tem participado como conferencista de congressos nacionais e internacionais na área de Fonoaudiologia e de entidades de profissionais liberais.

Escreve artigos sobre comunicação (ou atuou como colunista) nas revistas *Vencer*, *Seu Sucesso*, *Brazilian Press*, *Segmento Empresarial*, *Empresários*, *Você S/A* e no jornal *Tribuna Impressa* de Araraquara.

É colunista permanente na área de comunicação e carreiras do UOL.

É colunista semanal exclusivo na área de carreiras, comunicação, cultura e comportamento da Agência Estado.

É coordenador das séries *Superdicas*, da Editora Saraiva, e *I superconsigli*, da Editora Italianova da Itália.

Especializou-se no treinamento de empresários, executivos, políticos e profissionais liberais de alto nível e, desde 1975, forma anualmente mais de mil e duzentos alunos.

Atuou como executivo em organizações financeiras internacionais.

Membro titular da Academia Paulista de Educação.

Presidente do Conselho de Administração da ONG Via de Acesso.

Ministra treinamentos para executivos de grandes organizações — Alcan, Alcoa, Basf, CST, Caterpillar, Citibank, Dow Química, Du Pont, Ericsson, Esso, Ford, Gessy Unilever, Goodyear, Hewlett Packard, Hoechst, Honda, IBM, Johnson & Johnson, Mercedes-Benz, Monsanto, Nestlé, Philips, Pirelli, PriceWaterhouseCoopers, Rhodia, Saab Scania, Sanbra, Sharp, Siemens, Volkswagen — e de centenas de outras empresas igualmente importantes.

Com livros publicados em diversos países, é autor das obras: *Como falar corretamente e sem inibições**; *Assim é que se fala — como organizar a fala e transmitir ideias***; *Um jeito bom de falar bem — como vencer na comunicação***; *A influência da emoção do orador no processo de conquista dos ouvintes*; *Gestos e postura para falar melhor*; *Técnicas e segredos para falar bem* (5 volumes); *Vença o medo de falar em público*; *Recursos audiovisuais nas apresentações de sucesso*; *Como se tornar um bom orador e se relacionar bem com a imprensa*; *Como preparar boas palestras e apresentações*; *Como falar de improviso e outras técnicas de apresentação*; *Fale muito melhor***; *Cómo hablar bien en público*; *Cómo hablar para convencer*; *Oratória para advogados e estudantes de Direito* e *Superdicas para falar bem em conversas e apresentações****.

O Professor Reinaldo Polito ministra o Curso de Expressão Verbal na R. Mariano Procópio, 226 — V. Monumento — São Paulo — SP — Brasil — CEP 01548-020

Tel.: (55) 11 6168-7595
www.polito.com.br
contatos@reinaldopolito.com.br

* O livro *Como falar corretamente e sem inibições* é a obra, no gênero, mais publicada na história do Brasil, ultrapassando 110 edições e 500.000 exemplares, e frequenta constantemente o topo das listas dos mais vendidos. Foi publicado na Espanha, Colômbia, México, França, Canadá e Suíça.

** Esses livros entraram para as listas dos mais vendidos no Brasil. O livro *Assim é que se fala* foi publicado no México e distribuído em todos os países de língua espanhola.

*** Um dos dez livros mais vendidos do Brasil em 2006, cujas vendas superaram 200 mil exemplares em pouco mais de um ano. Publicado no Brasil também em espanhol (*Superconsejos para hablar bien en charlas y presentaciones*) e em inglês (*Super Tips on Speaking Well in Talks and Presentations*). Na Itália, além da publicação em italiano (*I superconsigli parlare bene per convincere ed essere protagonista*), também foi publicado em espanhol e em inglês. Foi publicado e distribuído em todos os países de língua espanhola. Também tem a versão em audiolivro no Brasil.

ASSIM É QUE SE FALA

Conteúdo do CD

01 — Apresentação. 02:19

02 — Como entender as características mais importantes dos ouvintes. 05:32

03 — Introdução — O momento de conquistar os ouvintes. 01:14

04 — As atitudes que devem ser evitadas na introdução da fala. 04:57

05 — Vocativo — Como cumprimentar os ouvintes. 02:51

06 — Recursos que podem ser utilizados na introdução da fala para conquistar os ouvintes. 18:52

07 — A preparação — O momento de facilitar o entendimento dos ouvintes. 00:30

08 — Proposição — A primeira etapa da preparação. 02:21

09 — A narração — A segunda etapa da preparação. 03:16

10 — A divisão — A terceira e última etapa da preparação. 03:16

11 — O assunto central — O momento de aplicar o que foi preparado, desenvolver os argumentos e refutar as objeções. 00:52

12 — A confirmação. 13:56

13 — A refutação — A defesa dos argumentos. 05:31

14 — A conclusão — O momento de levar os ouvintes a agir ou refletir de acordo com a mensagem transmitida. 06:40

Duração: 72:12

Impressão e Acabamento
assahi
gráfica e editora ltda.